八千年的岁月中
流淌着国宝的记忆

八千年国宝记忆

魏　峻　邱靖雯　林得菊 著

天津出版传媒集团
新蕾出版社

图书在版编目(CIP)数据

八千年国宝记忆/魏峻,邱靖雯,林得菊著.--天津:新蕾出版社,2024.2（2025.4重印）
（全景看中华文明）
ISBN 978-7-5307-7692-6

Ⅰ.①八… Ⅱ.①魏…②邱…③林… Ⅲ.①文物-中国-儿童读物 Ⅳ.①K87-49

中国国家版本馆CIP数据核字(2023)第244956号

书　　名：	八千年国宝记忆　BAQIAN NIAN GUOBAO JIYI
出版发行：	天津出版传媒集团
	新蕾出版社
	http://www.newbuds.com.cn
地　　址：	天津市和平区西康路35号（300051）
出 版 人：	马玉秀
电　　话：	总编办（022）23332422
	发行部（022）23332679　23332351
传　　真：	（022）23332422
经　　销：	全国新华书店
印　　刷：	天津新华印务有限公司
开　　本：	787mm×1092mm　1/16
字　　数：	160千字
印　　张：	15.5
版　　次：	2024年2月第1版　2025年4月第4次印刷
定　　价：	36.00元

著作权所有，请勿擅用本书制作各类出版物，违者必究。
如发现印、装质量问题，影响阅读，请与本社发行部联系调换。
地址：天津市和平区西康路35号
电话：（022）23332677　邮编：300051

序

用文物说话，让历史发声，创新文物传播方式，满足公众精神文化需求，是每一位文博学者责无旁贷的使命。

中国是历史悠久且文明进程从未中断的国家。中华文明源远流长，其所蕴含的统一、创新、多元、包容与和平的特质已经成为中华民族独特的精神标识，也是实现中华民族伟大复兴的坚实根基。

沧桑巨变，山河溢彩。新石器时代以来，中华大地上的文明之火渐次亮起，最终成就多元一体、博大精深的中华文明，并孕育出丰富而璀璨的文化遗产。一件件精美且珍贵的文物，见证了炎黄子孙的智慧和创造力，展现了绚烂的中华历史，也昭示出中华民族辉煌的未来。

今天，当人们走进博物馆，欣赏到我国古代青铜器的端庄神秘、玉器的玲珑剔透、瓷器的精美华贵、丝绸的绚丽多彩时，不仅会对我国古代工匠的绝世天工叹为观止，更重要的是会被其蕴含的精神与文化由衷地催发出作为中国人的自豪感。这是深深铭刻在中华民族血脉中的文化记忆，也是中华文明生生不息的动力。

在浩若星海的文物中，总有那么一些因为更加独特、精美和珍贵而被人们奉为国宝。在我国，被国家文物局列入《禁止出国（境）展览文物目录》的文物就是国宝中的杰出代表，也是人们了解中国文物的一扇大门。

在以往的研究中，这些国宝已被学者们反复研究讨论过，形成了很多见地精深的成果。然而，学者们严谨的学术性表达和理解这些所需的知识储备，对青少年来说无疑是非常困难的事情。因此，需要一些高水平的专家学者能够"俯首甘为孺子牛"，多做深入浅出的科普，把艰深的历史、艺术和科学知识用生动、易懂的文字写出来，让青少年在课堂之外能够更多、更好地了解中国古代文化的知识，掌握优秀传统的精髓。

复旦大学魏峻教授和他的团队创作的这本《八千年国宝记忆》正是这样的一本图书，其从国家首批禁止出国（境）展览文物中精选出32件，分青铜器、漆器、丝帛、陶器、玉器五个主题，深入挖掘文物的本体故事、文化内涵和工艺特色，同时结合精美图片和手绘漫画，图文并茂说文化，妙趣横生话文明，为读者开启了一次与国宝"亲密接触"的奇妙之旅。

我期待并相信这本图书能够成为青少年了解和热爱中华文化的向导，为读者带来无尽的惊叹和探索的乐趣！

段勇

2023年12月

（作者系国际博物馆协会国际博物馆研究与交流中心管理委员会副主席、上海大学党委副书记）

目录

第一章 不可或缺的角色

青铜器上的"史诗"——"虢季子白"青铜盘 2
 虢国在哪里 2
 是水盆还是浴缸 4
 铭文中的战役 7
 被用作马槽的国宝 11

大自然的神秘力量——青铜神树 14
 太阳与神鸟的传说 14
 沟通天地的天梯？ 17
 自然的神秘力量 19

金灿灿的小零件——铜屏风构件 21
 吉祥的动物纹饰 21
 碎木屏风的复原 22
 屏风顶上的火凤凰 24
 神兽相争与人蛇大战 26

春节联欢晚会上的新年钟声——景云铜钟 29
 寺观里的大钟 29
 大钟上的神奇动物 31
 祈福纳祥的新春钟声 35

再现秦始皇的车队——铜车马　38
　秦始皇的豪华座驾　38
　气派的皇家车队　43
　商王的驭手　46
　马车缰绳有几根　47

破"鼎"重圆——中山王䁏铁足铜鼎　51
　另一个中山国　51
　穿越千年，重返历史现场　53
　高难度的"拼图游戏"　55

餐桌上的"警示标志"——云纹铜禁　58
　有特殊含义的小桌子　58
　古人的"黑科技"　60
　文物修复中的神秘"门派"　62

铜镜之王——矩形五钮龙纹铜镜　64
　"年久失修"的青铜镜　64
　用途神秘的镜子　65

亲近自然的设计——莲鹤方壶　67
　郑国国君子婴　67
　一对"双胞胎"　68
　美好的意象　70

【了不起的工艺】

"灰头土脸"的青铜器　72
古代青铜器的零部件是如何组装的？　73

第二章 千年不坏的"魔法"

贵族们的地下居所——马王堆一号墓木棺椁　76
神秘的蓝色火焰　76
工程浩大的考古发掘　77
层层相套的"另一个世界"　79
2000多岁的辛追夫人　84

家中的"黑板报"——司马金龙墓漆画屏风　86
混血贵族　86
南北朝时的"黑板报"　88
屏风上的故事　89

一把年纪的小屏风——彩绘漆雕小座屏　92
竹简上的身份信息　92
艰难的修复过程　94
屏身上的小动物　95

1700多年前的木头鞋——朱然墓出土漆木屐　98
勇猛的东吴大将　98
木屐的故事　100
漆盘上的贵族生活　103

"其貌不扬"的国宝——河姆渡文化木胎朱漆碗　105
大名鼎鼎的遗址　105
"其貌不扬"的国宝　106

漆器中的巨人——曾侯乙墓外棺　109
谁是曾侯乙　109
漆器中的巨人　111

【了不起的工艺】
制作一件漆器分几步？　116

第三章 编织美丽新世界

织在锦上的祝福语——"五星出东方利中国"锦护臂 120
　墓葬中的发现 120
　天空中的"五星连珠" 123
　织锦上的战役 125

充满想象力的画作——马王堆一号汉墓T形帛画 128
　帛画的功能 128
　帛画中的天上、人间与地下 130

驾着飞龙去仙境——人物御龙帛画 134
　幸存的珍宝 134
　驾龙乘风去仙境 136

人物御龙帛画的"双胞胎"——人物龙凤帛画 138
　古董商与文物专家 138
　把帛画"洗"干净 140
　曾被误读的帛画 141

薄如烟雾的衣服——素纱禅衣 143
　如瀑布，如烟雾 143
　"难"以复制的衣服 145

锦幡中的老祖宗——红地云珠日天锦 149
　草原上的王国 149
　锦幡中的"祖宗辈儿" 150

【了不起的工艺】
贵比黄金的丝织品 153

第四章　土与火的碰撞

巨幅砖块拼图——竹林七贤与荣启期砖画　160
　　六朝古都的大发现　160
　　特立独行的竹林七贤　162
　　竹林七贤性格迥异　164
　　跨越时空而来的荣启期　166

5000 年前的女神——红山文化女神头像　168
　　发现牛河梁　168
　　女神与祭坛　171

呆萌的国宝——鹰形陶鼎　176
　　意外现身的珍宝　176
　　身份不凡的"鹰"　178

远道而来的"小鸭子"——鸭形玻璃注　181
　　可爱的小鸭子　181
　　墓主人的身份　182
　　从罗马帝国远道而来　183

古老的移动灶台——新石器时代河姆渡文化陶灶　185
　　先民的"小厨房"　185
　　烹饪的好帮手——陶灶　187

谷仓中的宴会——元青花釉里红堆塑楼阁式人物谷仓　190
　　墓葬中的谷仓　190
　　独一无二的屋顶　192

【了不起的工艺】
　　陶器、瓷器、玻璃器都是怎么制成的？　195

第五章 晶莹夺目的石之美者

文化交流的见证者——镶金兽首玛瑙杯 201
　轰动全国的发现 201
　谁的宝藏 202
　远道而来的玛瑙杯 205

深埋数千年的酒杯——犀角形玉杯 207
　南越王的心爱之物 207
　是"国产"还是"进口"？ 208
　南越国在哪里 209

神秘的礼器——三星堆玉边璋 212
　沉睡千年的三星堆 212
　古老的礼器 214
　源源不断的新发现 216

"穿越时空"的宝物——水晶杯 218
　不可思议的发现 218
　未解的谜团 220

陵墓前的"仪仗队"——茂陵石雕 223
　公认的石雕杰作 223
　年轻的将军 227

【了不起的工艺】
　绳子能切开玉石吗？ 229

后记 233

第一章

不可或缺的角色

青铜是一种铜合金,在21世纪的今天,这种合金看起来或许并没有什么特别之处,但在距今两三千年前,它的身份可是非常不一般。王室和贵族们会使用由青铜制作的礼器来祭祀天地神明、记载家族的功业,或者用青铜器来显示自己高贵的地位。当然,作为文物的青铜乐器、食器、酒器和其他器物,也向我们展示了古人精致的生活和精湛的技艺,具有极高的价值。在《首批禁止出国(境)展览文物目录》中,有近一半文物都是青铜器,每一件器物背后都有精彩的故事,下面就让我们来认识一下这些宝贝吧!

青铜器上的"史诗"——"虢季子白"青铜盘

虢国在哪里

在语文课上,同学们都学过一个成语"唇亡齿寒"。

这个成语出自《左传》"假道伐虢(guó)"的故事。故事发生在2600多年前,在今天的山西、河南一带,有一个叫晋的强国想吞并附近的小国虢国,但在晋国和虢国之间还有一个名为虞(yú)的国家。晋国的国君晋献公希望不动用一兵一卒就能经由虞国的地盘前往虢国,于是便向大臣们征询意见。

一位名叫荀息的大臣建议晋献公派使者到虞国,给虞国君主虞公送上珍贵的礼物,让他同意晋国借道。晋献公觉得这是一个不错的主意,就立即采纳了他的意见。

虞公是一个缺乏远见的人,他见到晋国使者送来的礼物非常高兴,毫不犹豫地答应了晋国的请求。虞国的大臣宫之奇听说这件事后,立即跑去劝虞公不要这么做。在宫之奇看来,虢国和虞国的关系就像嘴唇和牙齿,没有了嘴唇的保护,牙齿就会感到寒冷。同样地,如果虢国被消灭,虞国就像失去了嘴唇保护的牙齿一样,很快也会被消灭。

然而,虞公却觉得宫之奇是危言耸听,并没有听取他的建议。后来,晋国军队的确借道虞国消灭了虢国,不过在返回晋国的途中也"顺路"消灭了虞国,俘虏了虞公。"唇亡齿寒"的不幸真的降临在了虞国身上。

在这个故事里,最"弱小可怜又无助"的可能就是被晋国和虞国联手消灭的虢国了。虢国是一个小国,史书上对它的记载极少,而且内容很不详细,以至于在过去很长一段时间里人们对历史上

晋、虞、虢三国位置示意图

到底有没有虢国、它的具体位置在哪儿等最基本的问题都没有搞清楚。近代以来,研究人员结合陆续被发现的虢国的文物,重新对相关材料进行了研究,才逐渐看清了虢国的"真面目"。

是水盆还是浴缸

与虢国在史书古籍中的"默默无闻"不同,虢国制作的青铜器在博物馆里却贵为珍宝,名气十分大,"虢季子白"青铜盘就是其中一位"门面担当"。

位于北京市天安门广场东侧的中国国家博物馆是"虢季子白"青铜盘现在的家,它同无数珍贵文物一起在这里展出。它名字里的"虢"指的是它的"出生地"虢国,"季子白"是它的主人,"青铜"当然指的是材质,"盘"是它的器名。和今天同学们常见的餐盘、茶盘不同,这件盘的尺寸极大,长137.2厘米,宽86.5厘米,高39.5厘米,重215.3千克。它看上去是不是有点儿像浴缸?

西周 "虢季子白"青铜盘 中国国家博物馆藏

"虢季子白"青铜盘为什么会如此巨大呢？在古代，盘一般跟用来盛水的匜（yí）配套使用。那时候没有自来水，人们洗手时常用匜装净水冲洗，再用盘接住流下去的脏水，所以当时的盘大多同我们现在使用的脸盆差不多大。不过，"虢季子白"青铜盘比现在的脸盆还要大很多，所以有人认为，它说不定是古人的浴缸呢。但也有人不同意这种说法，毕竟从材质和外观上看，"虢季子白"青铜盘制作得无比精致，根本不像普通的浴缸。

盘和匜

不可或缺的角色　5

"虢季子白"青铜盘的制作年代大约在周宣王时期,距今约2800年。那时候,铜并不像今天这样常见,而是一种非常稀有的金属,在当时被称为"金"或者"吉金",君王们常常把铜作为极贵重的礼物赏赐给大臣。而且,当时也没有自动化机械,只能手工制作,要制作一件器形精美、体积庞大的青铜器,难度相当高,需要许多工匠一起合作才能完成。所以,只有有钱又有权的贵族才能拥有像"虢季子白"青铜盘这样的大型青铜器。

　　"虢季子白"青铜盘不仅器形硕大、用料贵重,器物表面还装饰有漂亮的花纹。盘口附近一圈S形的装饰叫作窃曲纹,下面一圈W形的大波浪是波曲纹,波浪起伏间的图案是蟠虺(pán huǐ)纹和云纹。"虺"是古代传说里的一种小蛇,能够通过修炼化为龙,蟠虺纹模仿的就是这种小蛇把身体盘起来的样子。蟠虺纹跟云纹组合在一起,表现的是小蛇羽化成仙,正在云端飞翔的样子。

"虢季子白"青铜盘花纹拓片

铭文中的战役

除了制作精美以外,"虢季子白"青铜盘最值得我们关注的是盘里铸刻的一篇铭文。铭文是什么呢?就是器物、石碑上铸成或刻成的文字,记录着铸造这件器物的缘由、所纪念或祭祀的人物等。它是我们读懂2000多年前的信息的关键。

这篇铭文共有111个字,对盘的制作者和制作原因进行了说明介绍。"虢季子白"青铜盘这个名字正是来自文中"虢季子白作宝盘"这几个字。

"虢季子白"是谁呢?原来,虢国的季子白是一位将军,他曾带领军队在

"虢季子白"青铜盘铭文拓片

不可或缺的角色　7

洛水北面与猃狁（xiǎn yǔn）作战，大获全胜。周宣王为了表彰他，就赏赐给他车马、弓箭和象征威严的斧钺（yuè）等，希望他继续守卫国土。季子白既高兴又感激，于是怀着激动的心情，决定做一个"宝盘"，用来记录自己在此次战争中的功绩和君主对他的嘉奖。

看到这里大家可能要问了：季子白不是虢国人吗？他为什么要帮周宣王打仗呢？

这就要说到周代的分封制了。公元前1046年，周武王姬发在牧野之战中打败商朝的军队，推翻商王朝，建立了周朝。他把跟他一起打天下的功臣和自己的族人分派到国家的各个地方，让他们各自建立起从属于周王朝的封国，守卫国土，保卫王都。其中就包括周武王的两个叔叔虢仲、虢叔，他们的封地分别在今天的河南荥（xíng）阳和陕西宝鸡附近。因为他们建立的封国都叫虢国，人们为了区分它们，就把河南的叫东虢，陕西的叫西虢。后来，西虢东迁，国土横跨黄河两岸，北边的被称为北虢，南边的被称为南

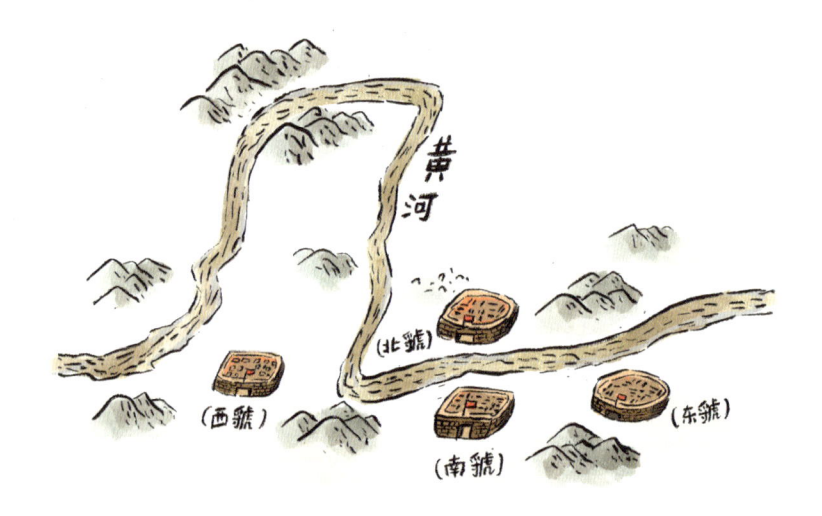

虢,未随队东迁的被称为小虢。

现在大家知道了,虢国的季子白之所以帮周宣王打仗,是因为他虽然是虢国人,但也是周王的臣民。那么,季子白的对手猃狁又是什么人呢?

猃狁其实是当时位于周王朝北方的一个游牧民族。他们在广阔的草原上放牧、打猎,用金属和动物皮毛等物资跟周王朝交换粮食、织物和其他生活必需品。一旦遇到粮草不足的情况,他们就会南下劫掠。周王朝为了保卫自己的家园,就会跟猃狁发生战争。除了"虢季子白"青铜盘,其他一些青铜器上或书里也记载了周王朝和猃狁的战争,比如我国第一部诗歌总集《诗经》中就有"薄伐猃狁""征伐猃狁"的诗句,可见这样的战争在周王朝几百年的历史里发生过很多次。

当然,"虢季子白"青铜盘上面的铭文不光内容十分重要,还具有非常高的艺术价值。在书法中,有一种字体叫篆书,青铜器上的铭文所用的字体叫作金文,也属于篆书的一种。如果我们把周王朝刚建立时铸造的青铜器上的铭文跟"虢季子白"青铜盘上的铭文放在一起看,就会发现它们有着很大的区别,这说明书法艺术在周代是不断发展变化的,从中我们可以看到古代汉字的演变过程。

你看出二者字体上的区别了吗?

西周早期青铜器"利簋"铭文拓片

"虢季子白"青铜盘铭文拓片

被用作马槽的国宝

如此不同寻常的宝贝,古人真的把它当作浴缸来用吗?这个问题,目前还没有明确的答案。然而,"虢季子白"青铜盘曾经有一个更加不可思议的用途——马槽,也就是喂马时盛饲料的容器。

什么人胆子这么大,敢把国宝当马槽用?原来,"虢季子白"青铜盘是在200多年前的清道光年间在陕西宝鸡被发现的。那时还没出台文物保护的法规,也没有谁规定要把发现的文物上交国家。不过,当时的人虽然不知道这件宝盘到底有多珍贵,却知道这肯定是件值钱的东西。于是,当时的一个县长就把"虢季子白"青铜盘据为己有,还把它带回了自己的老家江苏常州。

那时候的中国内忧外患,战火连绵。洪秀全领导的太平军攻占了常州,一位叫陈坤书的将领得到了"虢季子白"青铜盘,就把它藏在了自己家里。后来,清朝的军队打败了太平军,进入常州城。当时淮军将领刘铭传手下的士兵在陈坤书家里发现了这件宝盘,误以为它只是一个普通的大铜盆,就把它当作马槽,用来喂马。有一天半夜,刘铭传忽然听到院子里有哐当哐当的声音,觉得奇怪,就出去查找声音的来源,发现是马身上的金属马镫磕碰马槽发出的声音,仔细一看,他发现这个"马槽"可不太对劲呀。

虽然刘铭传并不了解"虢季子白"青铜盘,但他却认定这不是马槽,而是一件珍贵的文物。于是,他把宝盘运回安徽合肥的老

家，请来不少有学问的人进行研究，可惜大家没有解开宝盘之谜。他去世之前，嘱咐家人一定要把宝盘守护好。

到了民国时期，中国的局势更加混乱。很多贪财的官员和一些外国人想方设法要得到"虢季子白"青铜盘，刘家人和他们斗智斗勇，始终也没有交出宝盘。在离家避难前，他们把无法一同带走的宝盘埋入地下，在地面种上各种植物进行伪装，这才让宝盘留存了下来。1949年中华人民共和国成立后，刘家后人才让"虢季子白"青铜盘重见天日，并将其捐给了国家永久收藏。

如今，历经2800年沧桑岁月的"虢季子白"青铜盘被稳稳当当地收藏在中国国家博物馆中，而它的身世也在研究人员的努力下日渐清晰。当年的刘将军如果知道了一定会非常欣慰吧！

除了"虢季子白"青铜盘这样的青铜重器，在我们国家首批禁止出国(境)展览的文物中,还有青铜树、青铜禁、青铜钟等各种青铜器,它们又都有着什么特殊之处,能够跟"虢季子白"青铜盘一样获得禁止出国(境)展览文物这样特殊的"身份"呢?接下来,我们就来一一揭晓答案。

大自然的神秘力量
——青铜神树

太阳与神鸟的传说

地球上为什么会有白天和夜晚？今天的我们张口就能回答这个问题：这是因为地球会自转，所以太阳每天都会从东边升起，从西边落下，形成了日夜交替。然而，生活在远古时代的人们并不知道这些。他们发现，无论走到哪里，向最远处眺望，天和地都会连在一起；抬头向上看，天空又是那么高。于是人们就以为大地是一个平面，天空就像个锅盖一样盖在上面。他们看到太阳在天上"飞"，又看到鸟也在天上飞，渐渐地就把它们联系到了一起，觉得是有神鸟背着太阳在天上飞，让它每天从东边升起，从西边落下。也有人说，也许并不是神鸟背着太阳飞，而是神鸟本身就能发光发热，它就是太阳。

就像每个人都有自己的家一样，神鸟也应该有自己的家。那时候还没有几百层高的大楼，地面上离天空最近的就是高高的大树，鸟儿们也喜欢在树上休息，于是人们觉得，神鸟应该也是住在树上的。而且，既然太阳是从东边升起，那这棵树一定就在大地的最东边。人们给它起了一个名字，叫"扶桑"。古人把这些想法都记录在了《山海经》《淮南子》等古书上，还说住在扶桑树上的神鸟一共有10只，它们轮流上班，每天有1只神鸟会飞过天空照亮大地，另外9只就在家里休息。

你相信吗？古人不仅想象出了太阳神鸟栖息的神树，还把它造了出来。这不，四川广汉三星堆遗址就出土了这样一棵奇形怪状的青铜树。这棵树差不多有4米高，是迄今为止发现的最高的单体青铜器。青铜树分为三层，树枝上结着果

子,有的果子上还站着小鸟。树枝上和鸟嘴上都有小孔,可以用来悬挂铃铛之类的装饰物。树的最顶上残缺了一部分,只剩下一个果托,没有人知道它上面原本有什么,人们只能猜测,可能是一个巨大的果子,也可能是一只准备起飞的大鸟。无论是什么,想象一下,它站在闪闪发光的铜树顶部,远远看去,是不是很像光辉灿烂的太阳?

这里缺了什么?

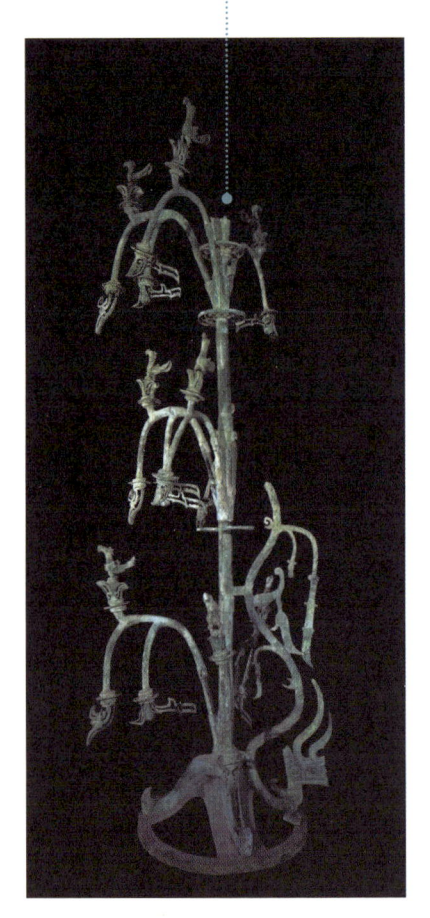

商 青铜神树 三星堆博物馆藏

青铜神树上的小鸟

你知道吗？

既然三星堆的先民没有告诉我们青铜树到底是做什么用的，那我们为什么推断它是扶桑树呢，是想当然吗？当然不是啦，做出这样的推测是有理由的。三星堆遗址还出土了一个像车轮一样的太阳形状的器物以及很多象征太阳的文物。而在距离三星堆不远的成都金沙遗址中，也发现了类似的器物，其中最著名的太阳神鸟金箔已经成为中国文化遗产标志。有了这些证据，人们就推断生活在成都平原一带的古人在很长一段时间内，不仅崇拜树木，也崇拜能够给大地带来光明和温暖的太阳。再把"金乌"的神话与青铜树上的小鸟联系起来，这棵青铜树很有可能就是综合了树崇拜和太阳崇拜的扶桑树。

中国文化遗产标志

沟通天地的天梯？

也有人推测，这棵青铜神树所表现的可能不是扶桑，而是传说中的另一棵树——建木。因为这棵青铜树上不仅有果子，树干

不可或缺的角色

上还盘着一条龙。古书上没说过扶桑树上有果子和龙，倒是提到过建木上结着黄色的果，还盘着一条"黄蛇"。我们在前面讲"虢季子白"青铜盘的时候说过，古代神话里有一种能修炼成龙的小蛇"虺"，所以古人很可能把黄蛇做成龙的样子。

和扶桑树一样，建木树也不是一棵普通的树。传说它位于整个世界的正中央，是沟通天地的天梯，住在天上的神仙可以通过建木树来到人间。而在3000多年前的三星堆人眼里，天神不仅能通过建木树下凡，人间具有神力的巫师也能驾着树上的神龙，通过天梯登天。

不过，因为这棵青铜树外形特别，而三星堆的先民们也没有留下信息告诉我们它是用来做什么的，所以关于这棵树的猜测还有很多，比如有人说它代表的是天神的居所，也有人说它代表的是生养万物的大地母亲，或者它代表的不只是一种东西，而是当时人们关于大树的各种奇思妙想的集合。

青铜神树根部的龙头

自然的神秘力量

远古时期,科学还没有现在这么发达,人们对于很多自然现象背后的科学原理都不甚了解,于是就想出了各种办法去解释它,给我们留下了很多"脑洞大开"的神话传说,其中光是关于大树和森林的故事就有几十种。除了前面说到的扶桑、建木,人们还曾经相信森林里住着女神和精灵。古代的巫师们也喜欢在森林里施展自己的"神力",认为树木的生命力能让自己的法术更容易成功。

对于这些认为大树能通灵的信仰,研究人员给它们统一起了个名字,叫"树崇拜"。

这种树崇拜的原始信仰并没有随着历史的演进而消失。三星堆文明之后又过了1000多年,东

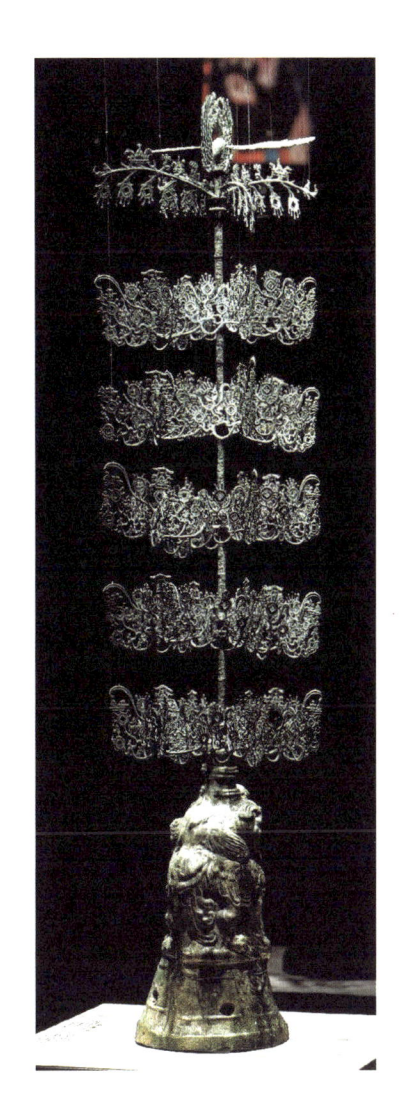

东汉 "西王母"陶座青铜摇钱树
四川省广汉市文物保护研究所藏

汉时期四川和周边地区还流行过一种青铜做成的摇钱树。这种摇钱树一般有陶土制成的底座，象征传说中的神山。树上装饰着很多古代的钱币，还有神鸟、仙人等图案，可以说是原始时代的树崇拜与汉代的道教信仰的大杂烩。

青铜树梢上的钱币

西王母坐像

到了现代，大家如果了解过我国壮族、苗族、纳西族等少数民族的节日，或者去广西、云南、贵州、四川等地的少数民族聚居地旅游过，或许还能听说一些跟大树有关的传说和习俗。在充分掌握了相关科学知识之后，当地人依旧保留着对自然的尊重，保存着他们特有的传统文化和民间信仰。而这些也成为很多作家、艺术家进行创作的灵感来源。通过研究这些古老的传说和习俗，还能解开一些困扰人们很长时间的历史之谜呢！

金灿灿的小零件——铜屏风构件

吉祥的动物纹饰

敬畏自然的古人不仅崇拜树木和太阳，还会崇拜各种动物，比如龙、凤、龟、蛇、虎等。这些在神话中经常被提及的动物被赋予了各种神奇的色彩——能腾云驾雾，是祥瑞之兆，有智慧长寿的寓意，代表力大无穷……

虽然现在我们已经知道这些动物要么是想象出来的，要么并不真的具备什么神力，但它们的一些特殊寓意依然被保留了下来，比如我们都说自己是"龙的传人"，或者用"虎虎生威"形容一个人很精神、很威风的样子。

从古至今，这些寓意吉祥的动物纹饰被广泛应用于器物之上，装点着人们的生活。

不可或缺的角色

商　龙虎纹青铜尊　中国国家博物馆藏

碎木屏风的复原

生活在2000多年前的南越王赵眜(mò)，有一座漆木大屏风。

屏风是一种家具，"屏"有"挡住"的意思。因此，它可以用来挡风，也可以作为可移动的墙壁，在屋子中分隔出不同的空间。屏风既有不能折叠的单扇屏风，又有能够折起来的多扇屏风。赵眜的这座就属于多扇屏风，屏风正中间的漆木板上还有一扇能向外打开的小门。为了更加美观，他还让工匠使用青铜材料打造出一套连接和托架屏风各个部位的动物形状的构件，并给它们都鎏(liú)上了一层金。

你知道吗？

鎏金工艺简单地说就是把黄金熔在水银里，然后刷在器物表面，再加热，水银蒸发后就只剩下夺目的黄金。这种工艺也叫"火法镀金"，在世界各地的古代器物上都有发现，而我国是最早使用这种工艺的国家。同为禁止出国（境）展览文物的长信宫灯也采用了这种工艺。

西汉　长信宫灯　河北博物院藏

在赵眜去世后，人们根据当时的习俗，把屏风上的装饰拆下来，连同整座屏风一起放进了他的墓室中，希望他在另一个世界也能继续享受作为国王的富贵生活。1983年，随着广州西汉南越王墓的发现，这座漂亮的屏风也得以重见天日。可惜，由于时代久远，墓室中的保存环境不理想，屏风上的漆木板差不多都腐烂了，只剩下一些碎木片，那套青铜构件也已经锈成了青黑色。

但幸运的是，研究人员在清理后发现这些构件上都有清晰的数字编号，结合它们被发现时的位置和构件之间的连接方式，这座屏风得以重现2000多年前的风采。

屏风顶上的火凤凰

有趣的是，3000多年前的三星堆人在青铜树上安放了神鸟，2000多年前的南越王也在自己的屏风顶上安放了神鸟。不同的是，青铜树上的鸟是太阳神鸟，而屏风顶上的鸟则是南方的守护神——朱雀。

朱雀顶饰

它在这儿！

西汉　漆木屏风（复原）　南越王博物院藏

大家对朱雀这个名字应该不陌生，因为经常能在书中以及影视作品中看到这两个字。"朱"是红色，"雀"就是鸟的意思，朱雀就是红色的鸟，也就是传说中的"百鸟之王"——火凤凰。

在遥远的石器时代，人们跟自己的亲戚族人住在一起，许多氏族共同组成一个部落。为了把大家团结起来，部落会将某种东西作为自己的标志，也就是部落的图腾，就像现在每个国家的国徽一样。图腾的图案通常是人们在生活中见到的动物，比如山里的老虎、水中的大鱼。在人们的认知中，它们是有"超能力"的神兽，能保佑族人平安，具有战胜猛兽和敌人的力量。部落首领也会把自己说成是图腾上的神兽的后代，让自己显得与众不同。

南方气候温和，森林茂盛，河流密布，住在这儿的人经常能见到各种凶猛的或是长相奇特的鸟，于是很多南方部落就把这些鸟当作了他们的图腾。

在之后的岁月中，中国大地上的各

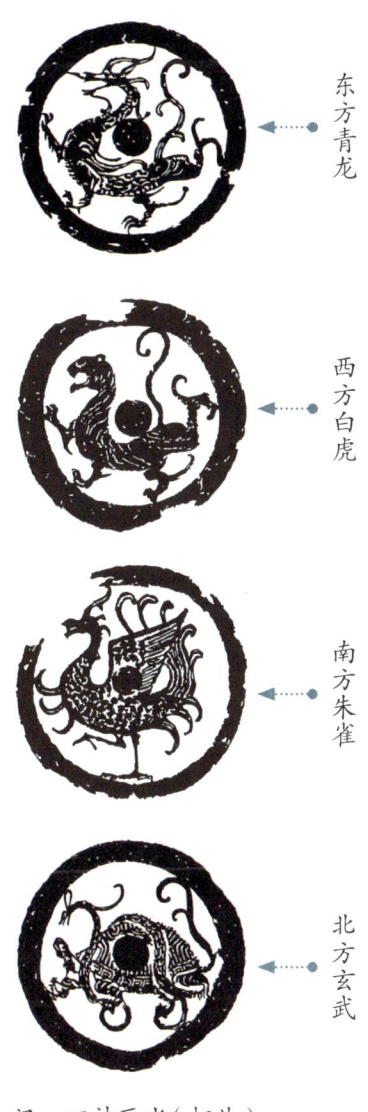

东方青龙

西方白虎

南方朱雀

北方玄武

汉　四神瓦当（拓片）
陕西历史博物馆藏

个部落在碰撞中融合,慢慢地形成了中华民族最早的样子,部落图腾中的神兽也成了传统文化的一部分。再后来,这些图腾神兽又同古代的星象、阴阳五行等学说整合在一起,逐渐变成了我们今天说的"四方四象":东方青龙,西方白虎,南方朱雀,北方玄武。它们在秦汉时期成为非常流行的吉祥装饰。

神兽相争与人蛇大战

除了朱雀之外,我们还能在赵眜的随葬屏风上看到一些当地人很重视的其他动物,比如蛇。

屏风修复后,人们发现整座屏风的三组托座都使用了蛇的形象:正中间的一组是盘曲的蛇形托座,中部的漆木板跟左右两边连接的位置是人操蛇托座,架起最外侧的漆木板的是蟠龙托座。

蛇这种动物在古人看来十分"矛盾"。因为蛇会蜕皮,古人就以为它每次蜕皮都能获得新生,似乎可以长生不老。但蛇长相奇特,有尖牙,会咬人,很多蛇还有毒。所以在古代传说里,蛇既有神力,也是邪恶的化身。所以,当人们看到屏风构件中的两件蟠龙托座的时候,很容易想到,这应该是一个表现"正义战胜邪恶"的场景。

蟠龙是传说中盘伏在地上没有升天的龙,而在蟠龙托座上,蟠龙不是盘在地上,而是踩在蛇的身上。仔细观察可以看到,蟠龙脚下一共踩着两条蛇,两条蛇又各缠着一只青蛙,正准备把它们吃掉,被缠住的青蛙表情很紧张。而在蟠龙张开的嘴里,还有一只小青蛙,或许是因为得到蟠龙的保护脱离了危险,它的表情很放松。

蟠龙托座表现的是神兽大战,另一组人操蛇托座展示的则是人蛇大战。

这个人是一个大力士,从长相和着装风格上看应该是当时的越族人。这个大力士瞪着眼睛,嘴里咬着一条双头蛇,光着脚跪坐在地上,膝盖后面夹着一条蛇,两只手又各抓着一条蛇。看样子这个大力士正在跟四条蛇大战,想要跟旁边的蟠龙一起战胜毒蛇代表的恶势力呢。

当然,也有学者提出了不同意见,认为这个越族大力士说不定只是想把这四条蛇抓回家,做成一桌美味的蛇宴填饱肚子。也有人好奇,为什么南越王会把这么狂野的场景永远定格在自己喜欢的屏风上呢?蟠龙大战毒蛇的场景,是否也意味着来自中原地区的南越王族对越族人的征服?跟朱雀一起立在屏风顶上、带着神秘微笑的怪兽又是什么?这些问题的答案,只有南越王赵眜自己知道了。

除了铜屏风构件,广州西汉南越王墓中还出土了带有各种动物图案的文物,比如透雕龙凤纹重环玉佩、牛头形铜泡钉、石猪、羊头纹杏形金饰片、装饰有猫头鹰和小猪的烤炉等,简直就是个静止的动物世界。大家以后有机会去南越王博物院的话,不妨换个角度看展览,了解一下这些动物都有什么特殊之处吧!

八千年
国宝记忆

你能在图上找到它们吗?

双面兽首顶饰

人操蛇托座

蟠龙托座

春节联欢晚会上的新年钟声——景云铜钟

寺观里的大钟

我们的语文课本里有很多古诗,其中有一首叫《枫桥夜泊》,相信大家都会背:"月落乌啼霜满天,江枫渔火对愁眠。姑苏城外寒山寺,夜半钟声到客船。"

这首诗的作者是唐代诗人张继,诗中所描绘的情景就发生在"姑苏",即今天的苏州。诗里写道,在城外的寒山寺中有一口声音洪亮的大钟。这种挂在佛教寺院里的钟叫"佛钟"。佛家认为钟声有消除烦恼、消灾驱邪、警醒世人的作用,所以,唐代的寺院里经常能看到各种各样的大钟,这个传统一直延续到今天。

寒山寺与"古寒山寺"钟

除了佛寺,在唐代,道观里也悬挂着大钟,被称为"道钟"。在道家看来,钟声同样有着辟邪和警示的作用。无论是佛教还是道教,在唐朝皇帝看来,都是用来统治天下或是实现个人意志的工具。比如女皇武则天年轻时曾经信奉佛教,年纪大了之后又转向道教,还举行过道教的"投龙简"仪式。

你知道吗？

"投龙简"是道教的一种仪式。"简"是古代用来写字的板，普通的板是竹子做的，但投龙简仪式上用的简是玉、铜、银或金子做的。主持投龙简仪式的人通常都是帝王，他们会在简上写字，有的反省自己一生的行为，有的表达长生不老、天下太平的愿望。然后他们再选定一个特殊的时间，派人把这些简埋在知名的大山上，或是沉到有名的大河里，意在希望自己的愿望能够被天地神明看到并实现。河南博物院收藏的武则天金简就是在河南嵩山的石头缝里被发现的。

在石头缝中发现的宝物！

武则天金简　河南博物院藏

大钟上的神奇动物

武则天的儿子唐中宗李显也很尊崇道教。他在唐朝的都城长安，也就是今天的陕西西安修建了一座皇家道观，名为景龙观。他

的弟弟唐睿宗李旦又下旨造了一口大钟挂在道观里,因为这口钟铸造于唐睿宗景云二年(711),所以后人把它叫作景云钟。

中国有那么多寺院和道观,有那么多大钟,景云钟又有什么特殊之处呢?

让我们先来看看景云钟的样子。它的高度为2.47米,腹围4.86米,口径1.65米,重6吨,是个庞然大物。要把这样大的钟完整地铸造出来,真是一项大工程。

景云钟的钟身被带祥云和蔓草图案的突出线条自上而下分为3层,每层用蔓草纹带分为6格,共18格,除下段中格内为铭文外,其余格内分别铸有飞天、腾龙、翔鹤、走狮、朱雀、凤、牛等图案,四角各有4朵祥云,显得生动别致。其中

腹围 4.86 米

高 2.47 米

口径 1.65 米

重 6 吨

景云钟

有8个区域选用相同的斜十字交叉图案,每个区域均匀装点着4枚圆形凸起的钟乳,共32枚。

看,神奇动物又出现了。

在前面我们已经认识了龙和凤,而牛、狮、鹤等几种动物在道教里也有自己的含义。比如青牛就是被道教奉为太上老君的老子的坐骑,威猛的狮子有辟邪消灾的能力,至于仙鹤,则是道教传说中重要的祥瑞象征,有长寿、吉祥的寓意。

《老子出关》图

在景云钟的顶上,还蹲着一只神话传说里的动物——蒲牢。它是龙的儿子,生活在海边,非常喜欢鸣叫,于是人们把用来悬挂大钟的钟钮做成蒲牢的样子,希望大钟的声音像蒲牢的叫声一样洪亮。又因为古书里说蒲牢非常害怕海里的鲸鱼，一有鲸鱼靠近就会叫得更加响亮，于是人们又把撞钟用的木棍做成了鲸鱼的样子。

如今，蒲牢做的钟钮已经成了很多大钟的"标配"，以后大家再见到大钟时，不妨抬头看看，钟顶上是不是蹲着这么一只神兽。

蒲牢

蒲牢形钟钮

祈福纳祥的新春钟声

虽然从个头和装饰上来说，景云钟已经非同凡响，但与"虢季子白"青铜盘一样，它最珍贵的一点也在于钟上刻有铭文。这篇铭文由唐睿宗李旦亲笔书写，由工匠铸刻在大钟上，共18行292个字。在这篇铭文中，唐睿宗先是赞叹了道教的玄妙，然后讲述了建造景龙观、铸造景云钟的原因，并在落款里为我们留下了这口钟的"生日"：景云二年农历九月十五日。

根据唐睿宗的说法，景龙观是依照传说里昆仑山上的仙宫和西王母的瑶池来建造的，而他本人因为想要在景龙观里听见像天宫仙乐一样的声音，于是找来了著名的工匠，用了珍贵的原料，铸造了这口钟，希望它能够"荐福司辰"——既能凭借钟声向上天祈福，也能在那个没有钟表的年代向全城人报时。

唐睿宗李旦不仅是皇帝，也是一位书法家，可惜他的作品流传下来的非常少，而景云钟上的铭文算是其中最完整的篇章之一，因此非常珍贵。

像景云钟这样由皇帝下旨铸造、亲笔书写铭文、挂在皇家道观里的钟，可以说是钟里的"贵族"了。刚刚被制造出来的它闪烁着金色的光芒，也承载着唐朝皇帝的梦想。它在景龙观里静静地悬挂了几百年，成为长安城的一个地标。

景云钟铭文

　　明朝时改建长安城,景龙观的钟楼被单独迁移出来,成为今天西安有名的旅游景点——西安钟楼。景云钟原本是跟着钟楼一起迁出的,但据清朝人张楷在《重修钟楼记》里的说法,景云钟迁出来之后,不知为什么怎么敲都敲不响,于是人们只好又把它放回了景龙观,另外做了一口大铁钟挂在西安钟楼里代替它。

　　到了民国时期,景龙观被毁,景云钟被暂时存放到陕西图书馆,直到中华人民共和国成立后才被转到西安碑林博物馆永久收藏。如果大家去西安碑林博物馆游览的话,就能见到这口已经1300多岁的大钟。

虽然清朝的记载里说景云钟已经敲不响，但实际上直到现代，景云钟的钟声依然洪亮。20世纪中期，它曾前往日本参加比赛，一鸣惊人，获得了"世界名钟"的称号。后来，中央人民广播电台把它的声音录了下来，每年除夕夜的春晚上，大家一同倒计时迎接新年，在新年第一天的零点响起的钟声，就来自景云钟。这座诞生于唐朝的古老大钟依然继续着自己"荐福司辰"的使命，带着人们对未来的美好期待，敲开新年的大门。

西安钟楼

再现秦始皇的车队——铜车马

秦始皇的豪华座驾

在博物馆中,我们能够认识很多古代的青铜器,每一件都有各自的特点,都是独一无二的国之珍宝,要想从中挑出最厉害的一件并不是容易的事。你大概想不到,中国考古学界有一位见多识广的大学者,在综合考虑了年代、工艺、装饰艺术、历史价值等各种因素之后,把"青铜之冠"的称号给了两驾马车。

这位学者就是北京大学的宿白教授,而这两驾马车,就是秦始皇陵出土的铜车马。接下来,就让我们好好地认识一下这两位"青铜中的王者"。

秦始皇陵一号铜车马
　　通长 2.25 米
　　通高 1.52 米
　　重 1061 千克

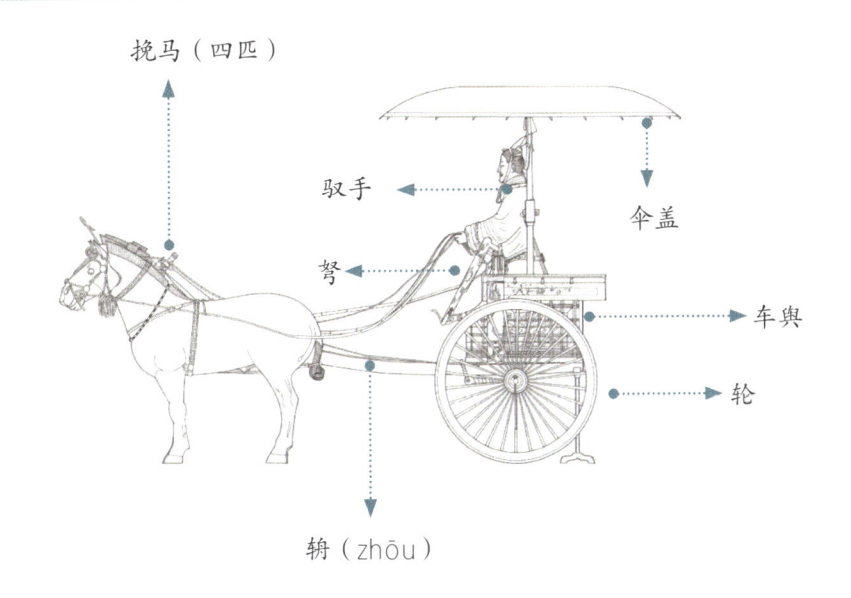

挽马（四匹）

驭手

弩

伞盖

车舆

轮

辀（zhōu）

不可或缺的角色　39

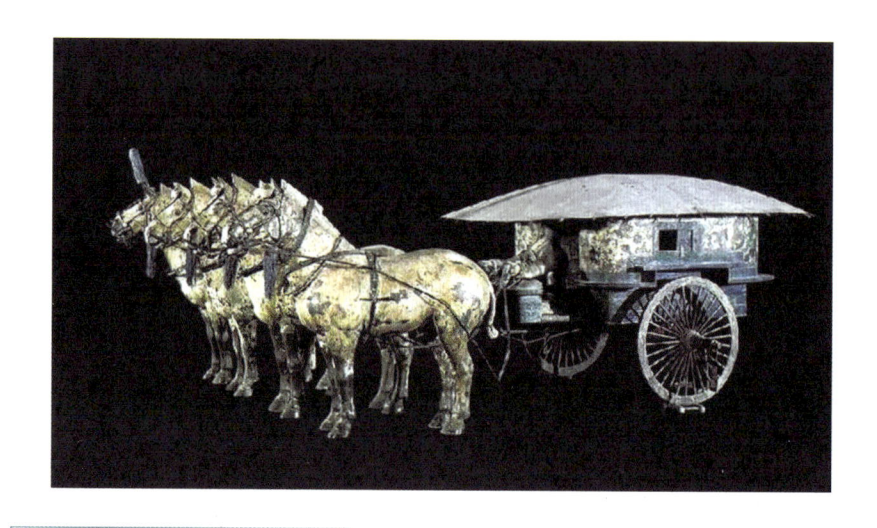

秦始皇陵二号铜车马
通长 3.17 米
通高 1.062 米
重 1241 千克

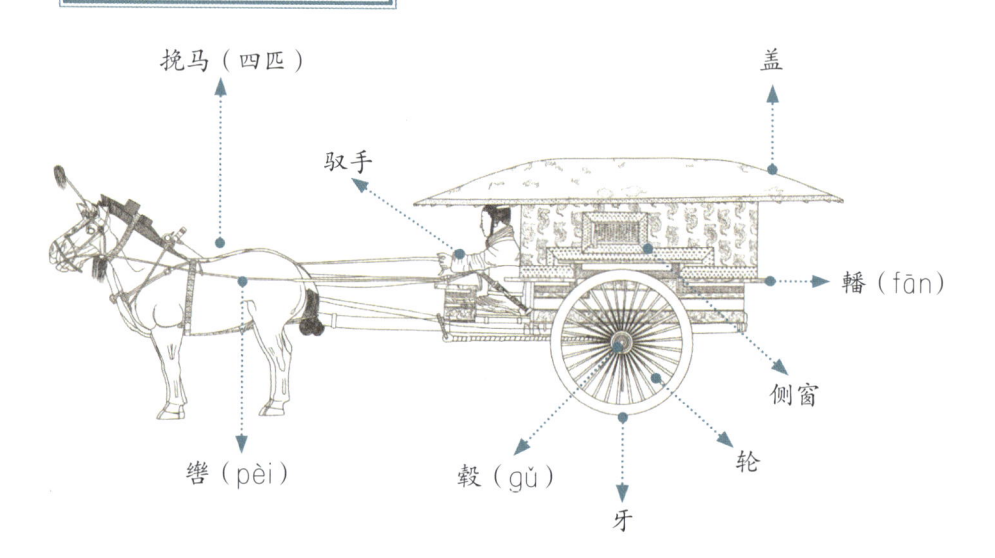

挽马（四匹）

驭手

盖

幡（fān）

侧窗

轮

毂（gǔ）

牙

辔（pèi）

这两驾铜车马是按照秦朝真实马车的样子,等比例缩小了一半来制作的。两驾车分别用到了3000多个零件,连接工艺复杂,采用了十几种工艺技法。

因为这两驾铜车马是要放到秦始皇的陵墓里的,绝对不能偷工减料,所以参与制作的工匠和制作它们所使用的原料,都是当时最好的。即便深埋地下2000多年,出土时已经碎成了几千片,但经过清理修复,铜车马上的零部件依然能够正常工作,链条转动灵活,门窗开关自如。

铜车马出土现场

铜车马出土现场

最令人惊讶的是，在那个缺少机械化、自动化设备的年代，人们不仅做出了这两驾体量大、零件多、质量高的精美的铜车马，还挑战了当时青铜器制造工艺的极限——其中一些零部件即便放到现在来做，都还有一定难度。

比如二号铜车马上面积为2.3平方米的椭圆形篷盖，是目前发现最早、最薄、最大的一个整体青铜铸件，最厚的地方仅有4毫米。整个篷盖表面非常光滑，找不到拼接的痕迹，说明它是一次性铸造成型的。

大家都知道，金属需要加热成液体，才能倒入模具中，最终冷却成我们需要的样子。而这么薄、这么大的曲面青铜铸件，想要一次成型，不歪也不塌，那么就要把握好青铜原料的配比，算好金属液体的冷却速度,确定好铸造的方式。大家不妨想一想,这个看似平平无奇的车篷盖里包含着多少精妙的力学、材料学、铸造学知识,就知道秦国的工匠有多么厉害啦!

那个年代的工匠虽然没有系统、完备地学习过科学理论知识,但已经能够从实践中总结经验,从失败中总结教训,举一反三,最终铸就了这样冠绝古今的青铜器。

气派的皇家车队

了解了秦陵铜车马的工艺,大家或许也想知道:秦朝人为什么要下这么大的功夫做两驾这么精致的马车,放在秦始皇的陵墓里呢?是因为秦始皇很喜欢马车吗?

从史书的记载来看,秦始皇可能真的对马车有特殊的感情。

在汽车出现之前,马车是马路上最常见的交通工具之一。中国迄今发现最早的马车来自河南安阳,已有3000多年的历史。人们会坐马车出门,也会用马车来运货物,比如中国西南有一条著名的"茶马古道",就主要是通过马队来运茶叶的。

就像现在的汽车有品牌、档次之分一样,古代的马车也分"三六九等",贵族坐的马车跟普通人家的有很大区别,从马车的数量和豪华程度就可以看出马车主人的社会地位。秦始皇作为中国历史上第一个建立大一统王朝的"始皇帝",他出门时的车驾规模就更大了,在级别最高的配置里,光各种各样的车就有81辆。

你知道吗?

经常看新闻的同学应该知道,各国元首到别的国家进行国事访问时,会带上若干随行人员,也会乘坐自己的专机、专车。古代帝王出门的时候,随行人员要多得多,比如侍从、仆人、警卫队、乐队等，还有专门的车驾、彩旗，也就是我们今天说的"仪仗队"。而皇帝每次出行，要派什么人、坐什么车、用多大规模的仪仗队，都是有规定的，不同朝代规定不同。古人把帝王、皇室贵族、高级官员出行时配备的随行人员和车驾队伍，统称为"卤簿(lǔ bù)"，而相关的规定就是"卤簿制度"。

秦陵铜车马按照发现的先后顺序被定名为一号车和二号车。依据这两驾车的外形，再结合历史资料的记录，现在人们一般认为一号车就是秦始皇卤簿中的"立车"，负责警戒开道，因为这辆车上的人是站着的，车上还装备有弓箭之类的武器。而二号车有一个车厢，古代叫"车舆(yú)"，乘车的人可以在车里坐着休息或者躺着睡觉，所以二号车应该是卤簿中的"安车"，也就是给车主人或随行的重要人物乘坐的。

秦始皇统一六国之后，干了很多大事，为后来汉朝的繁荣打下了很好的基础，其中就有一项叫"车同轨"。他把之前战国时期各个地方大小不一的马车进行了统一，规定马车左右两个轮子之间的距离是六尺，又按照这个尺寸修建了通往全国各地的公路，也

秦朝的一尺约合23.1厘米，六尺约138.6厘米。

就是"驰道"。这样一来,生活在秦国的人不管住在国内的什么地方,只要拿到官府的许可,就都能驾着马车到全国各个地方出差、学习或者做生意,不会再出现因为马车太大路太窄而跑不动的情况,很好地促进了国家的发展。

秦始皇统一六国后,在短短的11年里,曾经坐着马车5次巡游天下,去了全国的很多地方,了解当地的情况,宣传国家的政策,巩固自己的统治。可以说,秦始皇一生中有很多时间都是在马车上度过的,甚至他去世的时候,都是在返回都城咸阳的马车上。后人把这么精致的铜车马埋进他的陵墓里,或许是因为始皇帝希望在另一个世界,也能继续坐着马车巡游天下,威震八方吧。

商王的驭手

除了秦始皇本人与马车关系密切外,根据史书记载,秦国人跟马车也很有渊源。传说他们的祖先就是给商王驾马车的驭手,驾车技术非常好,马车跑得又稳又快,最终得到商王的封赏成为诸侯,有了自己的封地,建立了秦国。

到了几百年后诸侯混战的春秋战国时期,秦国一开始只是西边一个没什么存在感的小国,中原大国不仅不带它玩,还很看不起秦国人。后来,秦国国君在国内进行改革,以法治国,发展生产,奖励军功,使秦国的实力变得越来越强,不仅一次又一次地打败了想要吞并它的其他诸侯国,还成功"反杀",一统天下。

那个年代没有坦克,由四匹马拉着的战车是非常重要的作战工具,人们甚至用这种战车的数量来衡量一个国家的军事实力,比如用"千乘之国"比喻实力雄厚的国家。在秦始皇陵兵马俑里,就有几驾军用马车的遗迹,还有专门驾车的驭手俑。秦始皇能够横扫六国,马车可说是功不可没。

秦始皇陵兵马俑二号坑中的马俑和驭手俑

马车缰绳有几根

比较可惜的是,古代马车上那些缰绳、车舆、马鞭之类的部件很多都是用皮革或者木头做的,容易因时代久远而损毁,以至于古书上记载的很多马车构造、驾车方式等,现在的人往往无法理解,产生很多疑惑。

比如《诗经》里有一首《驷驖(sì tiě)》,写的是秦国的一位国君秦襄公出门去野外打猎的场景,开头第一句是"驷驖孔阜(fù),

六辔在手"。"驷"指的是驾同一辆车的四匹马,"骐"是赤黑色的马,"孔阜"是高大的意思,"辔"是控制马匹的缰绳。这句话的意思就是:秦襄公的车由四匹高大的赤黑色马拉着,驭手握着六根缰绳为他驾车。

大家知道,骑马或驾马车的人是通过双手握着一匹马左右两侧的缰绳来控制前进方向的,也就是说一匹马有两根缰绳,四匹马应该有八根缰绳。但是秦襄公坐的马车却是四马六辔,这是怎么回事呢?

过去因为没有实物,我们只能猜测会不会是古人写错了。直到秦始皇陵铜车马"重现江湖",这个问题才终于有了答案。

原来,拉车的四匹马中,靠中间的两匹马各有一根缰绳是绑在<u>车轼</u>上的,驭手只需拉六根即可,正是诗里写的"六辔在手"。

> 古代车厢前面用作扶手的横木。

一号铜车马上的四马六辔

不仅如此，学者们研究发现，秦陵铜车马体现出来的套马车、驾马车的方式，比同时期的古罗马、古埃及等世界上其他很多地方都要科学，既不会勒到马脖子，四匹马也不会在车快速前进的时候相撞，驭手驾车的难度也比较低，简直是"一举三得"。

除了解决技术难题，秦始皇陵铜车马在艺术界的名气也响当当。

铜车马风格写实，马匹高大威猛，人物神态自然、栩栩如生，学过雕塑或素描的同学对此应该更有体会。铜车马内的彩绘图案也为我们展现了当时工匠的美术功底，并且证实了史书上说的安车、立车都用了很漂亮的彩绘装饰。

二号铜车马车厢内壁的彩绘

秦陵铜车马的横空出世，不仅让中国人为之兴奋，许多外国游客、学者、政要也慕名而来。虽然原件不能出境，但铜车马的复

制模型已经走遍了世界各地,越来越多的人通过铜车马了解到中国古代的历史文化和科技水平,从而重新认识了中国,并对中国文化产生了浓厚的兴趣。

秦始皇希望秦国的统治能够绵延千秋万代的梦想早已归于尘土,而卸下了帝王之梦的秦陵铜车马,正负载着当代中国的复兴之梦,奔向世界,奔向未来。

参观铜车马的外国友人

破「鼎」重圆
——中山王䜩铁足铜鼎

另一个中山国

熟悉历史的同学应该知道,在中国的历史上曾经有两个中山国,位置都在今天的河北省,但它们存在的年代不同,一个在西汉,另一个在更早的战国时期。河北保定满城汉墓出土了西汉中山国的重要文物,比如举世闻名的金缕玉衣和长信宫灯。而河北平山则发现了战国时期中山国国王的墓葬,还有中山国晚期的都城灵寿城。

战国时期的中山国是由北方游牧民族白狄建立的国家。或许是因为统治者的身份特殊,古代史学家没有过多地关注和记

不可或缺的角色　51

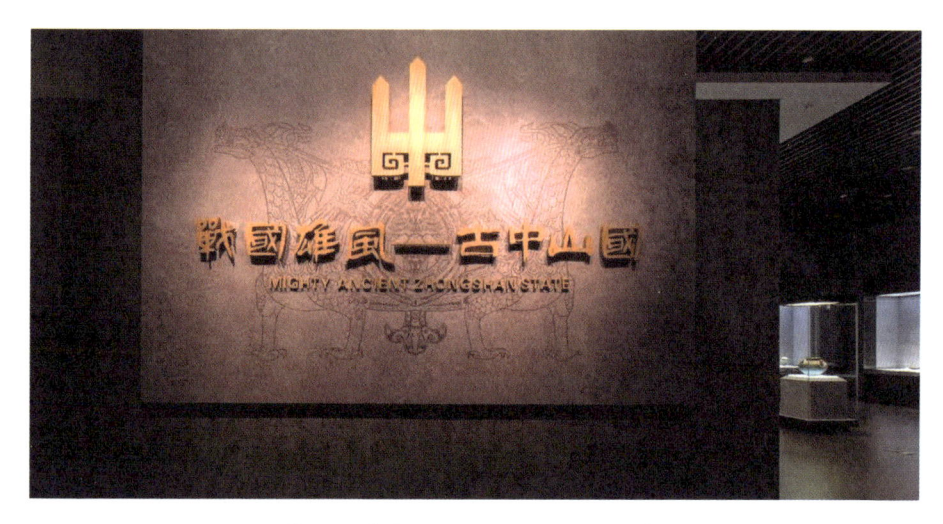

河北博物院《战国雄风——古中山国》展厅

河北平山战国中山王墓考古现场

录它,导致我们对这个国家所知不多。1974至1978年,为了配合河北平山的农田水利建设任务,考古人员对计划建设的区域进行了考古探查,没想到这下竟揭开了战国时期中山国的神秘面纱。我们下面要介绍的中山王䝝(cuò)铁足铜鼎便是这次考古中的重要发现。

战国　中山王礜铁足铜鼎　河北博物院藏

穿越千年，重返历史现场

跟战国时期的很多国家一样，中山国也把青铜鼎作为重要的礼器。中山王礜铁足铜鼎在中山王九件大鼎中高居首位，通高51.5厘米，口径42厘米，最大直径65.8厘米，重60千克。器身用青铜制作，三只鼎足则以铁为原料。

这件鼎也是目前发现的铭文最长的一件战国青铜器，共有铭文77行、469字。史书上没有讲清楚的那些中山国往事，都被中山王自己记录在了这件大鼎以及另外几件青铜器上，让2000多年后的我们能够跟着这位"当事人"重返历史现场。

中山国虽然面积不大，但是国力很强，最强的时候在战国时期的几十个诸侯国里可以排到第八位，"战国七雄"中的韩、魏、燕、赵都曾与中山国结盟并允许其称王。中山王譽铁足铜鼎的铭文所记录的是中山国打败强国燕国，攻占数十座城和数百里土地这件事。

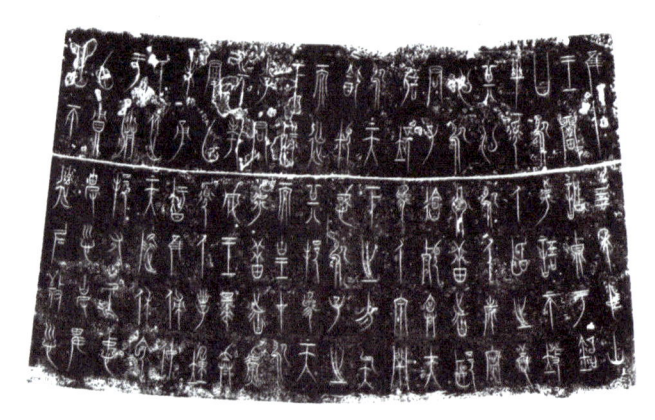

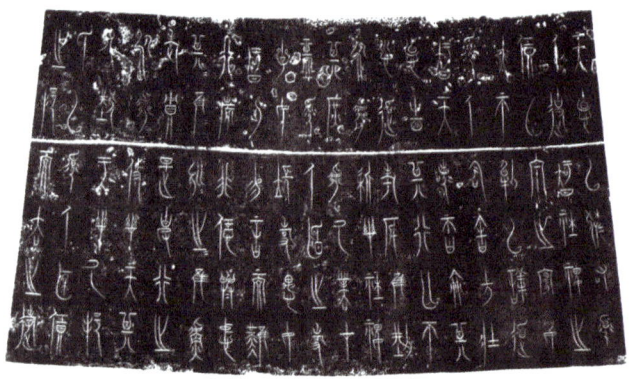

中山王譽铁足铜鼎铭文拓片

这场战争由当时中山国的大臣司马赒（zhōu）指挥。中山王回忆说，他接替父亲当上中山王的时候还不到十岁，正是在司马赒的辅佐下一步步成长起来的，君臣合力让中山国变得越来越强大，并最终打败了燕国。当然，强大的燕国会输给小小的中山国，不仅是因为中山国在变强，还因为燕国出现了内乱，给了外人打败它的机会。因此，在铭文的最后，中山王还告诫后人，要吸取燕国的教训，不要因为国力强大了就骄傲自满、仗势欺人，导致国家衰落，走向灭亡。

高难度的"拼图游戏"

除了内容重要，铁足铜鼎的铭文本身也很有特色。其实，这是中山国特有的字体，既有晋国书法的特点，又有楚国鸟篆书的影子。它的字体修长、笔画纤细、线条流畅，最有意思的就是各种装饰性的笔画或偏旁，让每个字看起来都显得更加优雅、美观。

如今，这件铁足铜鼎端端正正地站立在博物馆的展柜里，向来往的游客展示着中山国的历史和文明。但是，在它刚被清理出土的时候，可完全没有现在的风采。当时的它残损严重，仿佛受到过"降维打击"，一般人根本看不出这是个什么东西。

而让这件铁足铜鼎重现昔日雄风的，是河北博物院的文物修复师们。当年主持修复的雷金明老师说，这是他修复过的工期最长的一件文物。虽然在他的讲述中，修文物就像一个拼图游戏，但是其复杂程度和困难程度都是不可想象的。

除了铁足铜鼎，雷金明老师还和自己的师傅刘增堃（kūn）一起，修复了一件中山王的超豪华家具，那同样是一件禁止出国（境）展览的文物——错金银四龙四凤铜方案座。据说师徒二人当年苦思冥想了一个半月才动手。精心的修复让这件原本扭成了麻花的文物奇迹般地复原，成为文物修复领域的一个传奇故事。

战国　错金银四龙四凤铜方案座　河北博物院藏

像这样的文物修复师,在全国各地的博物馆里还有很多。他们很少出现在大众面前,却是每一座博物馆里的无名英雄。如今,随着一些纪录片和文博类综艺节目的播出,越来越多的人开始了解这个行业,也有越来越多的博物馆在确保文物安全的前提下,开放了文物修复工作室给普通观众参观,让大家能够对我国的文化遗产保护事业有更深入的认识。

餐桌上的『警示标志』——云纹铜禁

有特殊含义的小桌子

看到这件文物的图片,大家可能都在想:这不就是张长得比较奇怪的桌子吗,为什么叫"禁"?

"禁"确实是桌子,不过却是一种很特殊的桌子。它是当时的贵族在举行宴会或者祭祀的时候,用来摆放酒杯、酒壶等酒具的桌子。至于这种桌子为什么叫作"禁",那就要从喝酒这件事说起了。

大家都知道饮酒过度有害身体健康,所以我们都提倡喝酒要有节制。如果一个国家的君王和贵族一天到晚只知道喝酒享乐,不理朝政,那这个国家一定没有前途。商朝的纣王就是这样一位整天喝酒享乐的王,他不仅沉迷享乐,还将提出反对意见的大臣全都处死。商朝的诸侯忍无可忍,结成联盟,在周武王的带领下一起攻进商朝的都城,推翻了商朝统治,建立了周朝。周朝人吸取前朝的教训,为告诫人们不能沉迷饮酒享乐,就做出了"禁"这种有特殊含义的酒桌。

周　铜联禁大壶　湖北省博物馆藏

不可或缺的角色　59

古人的"黑科技"

目前能够被确认为"禁"的桌子非常少,河南博物院收藏的这件云纹铜禁可以说是其中的精品。第一次看到它时,你一定会被那繁复华丽的装饰所吸引:铜禁的四周环绕了一层又一层的立体云纹,形成了一种像剪纸一样镂空的效果。桌面四周趴着12条昂首挺胸的龙形怪兽,张着嘴,吐着舌头,头上全都有着夸张的角。铜禁的12个支座则呈现为老虎的形状,同样抬头挺胸,用高扬的尾巴把整个铜禁稳稳地托起,既实用,又好看。

云纹

龙形怪兽

虎形支座

除了造型和功能比较少见，云纹铜禁的技术含量也很高，是当时的"高科技产品"。在古代，有一种能够用来制作复杂青铜器的方法——失蜡法，而云纹铜禁是目前我国发现的青铜器中最早使用失蜡法制作的器物。据研究，云纹铜禁在铸造时首先分成几个部件，用失蜡法做好，再把所有部件焊接在一起。云纹铜禁也是我国发现较早的使用青铜器焊接技术的实例之一。

制作复杂青铜器的一种方法。先制作器物的内范，然后用蜡制作出模型，并在蜡模型上涂抹泥、木屑、石英砂等混合成的泥浆，形成坚硬的外壳，也就是外范。把整个器物拿到火上加热，蜡会熔化流出，之后再用青铜液填充原本蜡模的位置。冷却后打碎最外面的范，就可以得到精美的青铜器啦！

不可或缺的角色 61

文物修复中的神秘"门派"

云纹铜禁能够像现在这样完整地呈现在大家眼前，同样离不开文物修复师们的努力。而且，修复云纹铜禁的人与前面说到的修复错金银四龙四凤铜方案座的师徒二人可以说是师出同门，他

云纹铜禁修复前后对比图

们都出自文物修复行业著名的"古铜张"派。

这个神秘的"门派"可以追溯到清朝时专门为宫廷制作各种器物的造办处。清朝光绪年间,造办处里精通古铜器修复的手艺人"歪嘴于"出宫后,在北京开了一家"万龙合"修古铜器作坊,又先后收了几个徒弟,其中有一位名叫张泰恩。这位张师傅在"歪嘴于"去世后继承了他的作坊,后来也开始收徒弟,开创了青铜器修复界有名的老北京"古铜张"派。修复云纹铜禁的王长青先生就是张泰恩的徒弟。

"古铜张"派师徒相传,其中不少人由于手艺精湛,在中华人民共和国成立后进入考古所、博物馆等单位工作,成为新中国第一批文物修复工作者,为故宫博物院、中国国家博物馆、河南博物院、河北博物院、上海博物馆、广东省博物馆、湖北省博物馆等全国各地博物馆培养了一大批文物修复的人才。他们还把"古铜张"派的传统手艺与现代科技相结合,并把一些技术和原理推广到陶器、铁器、木器、石器、瓷器等其他材质的文物修复中,为新中国的文物保护事业立下了汗马功劳。

王长青正在修复云纹铜禁

铜镜之王——矩形五钮龙纹铜镜

"年久失修"的青铜镜

作为看惯了各种巨大玻璃镜的现代人，我们很难第一眼就把矩形五钮龙纹铜镜和镜子联系起来，而且也看不出它有什么特殊之处。但是，你知道吗？这面出土自西汉诸侯王墓的青铜方镜却是世界上迄今为止发现的最大的一面青铜镜，被称为"铜镜之王"。

镜子是从古至今居家必备的生活用品。在玻璃镜子出现之前，人们通常用青铜来做镜子。青铜镜的原料里含有锡，打磨光亮之后就可以照出人像，清晰度不比现代的玻璃镜差。但是因为这种青铜镜很容易生锈氧化,变得模糊不清,需要定时请人打磨保养,所以磨镜工人也是古代一项专门的职业。

现在我们在博物馆里看到的青铜镜,通常展示的是它们带有花纹装饰的背面。因为绝大多数博物馆里作为文物收藏的镜子都有成百上千年的时间没有打磨保养过了,即便展示出正面,也就是一块平平无奇无法照出人影的青铜板。如果你在博物馆里发现了保存完好、光可鉴人的青铜镜,那可就要恭喜你啦!因为这样的镜子比外观金灿灿的青铜器还要罕见。

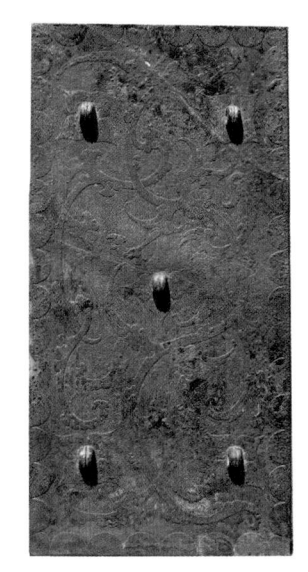

西汉 矩形五钮龙纹铜镜
淄博市博物馆藏

用途神秘的镜子

我国最早的青铜镜出现在4000多年前,是齐家文化的产物,这一文化的缔造者是当时住在今天甘肃、青海一带的先民。在这之后的几千年里,青铜镜虽然越来越多,制作工艺越来越好,装饰也越来越华丽,但基本都是圆形的小镜子,偶尔会出现方形的,一直到唐代才出现了造型

宝鸡市周原博物馆用
古法制作的青铜镜

不可或缺的角色 65

更丰富的异形镜子。所以,矩形五钮龙纹铜镜的出现刷新了人们对中国古代青铜镜的认知。

　　方形镜子的制作难度比圆形镜子大很多,而矩形五钮龙纹铜镜的高度超过1米,厚度却只有1.2厘米,更是把制作难度提升了好几个等级。除了把正面打磨得十分光亮外,工匠们还在镜子的背面用浮雕技法雕刻了两条盘绕在一起的巨龙,凸起部分只有1毫米,制作如此精美,可见它的主人并不是普通人。

矩形五钮龙纹铜镜背面的花纹

　　这面镜子很大,分量也很重,达56.5千克,不方便移动。那么,它平时究竟是怎样摆放的呢?有人根据镜子背面的5个镜钮推测它可能是固定在架子之类的东西上,就像我们今天使用的穿衣镜。也有人推测,因为和它一起出土的还有一些兵器,所以它可能是军队里或是齐王的仪仗队里作为礼器使用的镜子。

　　关于这面镜子,我们知道的信息还不多,希望随着考古发掘的深入,人们能够早日解开这面"铜镜之王"身上的秘密。

亲近自然的设计
——莲鹤方壶

郑国国君子婴

1923年,河南新郑李家楼地区发生一起盗墓大案,盗贼被抓后,河南省官员广邀考古学家前来研究被盗出来的文物。专家们赶到后,立即对这座春秋时期的郑国国君大墓展开发掘,从中挖掘出近百件完整的青铜器,另外还有数百件玉器、陶器等,考古专家把它们命名为"新郑彝(yí)器"。从墓中出土文物上的铭文来看,这些青铜器多为礼器,墓主是郑国国君子婴。

子婴,也称公子婴、郑子婴、郑子,是郑国的第三位国君,是被公认为春秋第一位霸主的郑庄公的四儿子。郑庄公去世后,他的

儿子们因夺权而引发了内乱,郑庄公的心腹大臣祭(zhài)仲为候选人操碎了心。在三位哥哥——郑昭公、郑厉公、郑子亹(wěi)依次当过国君后,子婴也在祭仲的辅佐下当了十几年国君。祭仲死后,郑厉公复辟,子婴被杀。值得一提的是,郑厉公复辟的当年,齐桓公也开始了自己的霸业。

1927年,河南省成立了河南省博物馆筹委会,郑国国君大墓中出土的青铜器成了首批镇馆之宝,开启了河南文物事业之路。所以有人这样说:先有郑公大墓,后有河南博物院。

一对"双胞胎"

莲鹤方壶原本有两个,是一对名副其实的"双胞胎"。如今一尊被收藏在河南博物院,另一尊被收藏在故宫博物院。这是怎么回事呢?

原来,在抗日战争和解放战争时期,为保护国宝在战火中免遭劫掠、破坏,"新郑彝器"几经辗转,费尽周折才得以保存。

1949年冬,国民党政府下令将存放在重庆的文物运往台湾,"新郑彝器"就在其中。仓促之下,莲鹤方壶等文物被装箱运抵重庆机场,准备送上飞机。中国人民解放军及时赶到,救下了莲鹤方壶。现在河南博物院里还完好地保存着"中国人民解放军重庆军事管制委员会"的打箱封条。

中华人民共和国成立后,1950年8月,河南省代表会同文化部代表共赴重庆接收留在重庆的这部分"新郑彝器"。文化部代表选取了一尊底部稍有残缺的莲鹤方壶调到位于北京的故宫博物院，另一尊则被收藏在河南博物院。

自此，两尊莲鹤方壶分置两处。它们虽然"劳燕分飞"，但却使更多的人能有机会近距离感受它们的魅力。

春秋　莲鹤方壶　河南博物院藏　　春秋　莲鹤方壶　故宫博物院藏

美好的意象

莲鹤方壶,读一读它的名字,你是不是已经觉得很美?因为在人们的印象中,鹤是身姿优雅的水禽,莲是亭亭玉立的植物。

虽然春秋时期莲花和仙鹤几乎从未作为装饰花纹出现在青铜器上,但在诗歌里却相当常见。莲鹤方壶的出土地河南新郑,在春秋时期是郑国的都城,《诗经·郑风》中就有"山有扶苏,隰(xí)有荷华"的诗句,以娇美的荷花比喻女子。其后"出淤泥而不染,濯(zhuó)清涟而不妖"的千古名句,让莲成为清白高洁的象征。

而鹤一直以来就有长寿、吉祥和高雅的寓意,且不说在道教中地位崇高,光是凭着出众的"颜值"和好听的叫声,就足以收获人们的喜爱。

秦 秦始皇陵青铜鹤 秦始皇帝陵博物院藏

北宋 赵佶《瑞鹤图》 辽宁省博物馆藏

莲鹤方壶整体呈圆角方形,器身两侧双耳呈回首观望的龙形。四周有几只翼龙从下往上攀爬,底部两只怪兽在用力托起器物。方壶满身装饰蟠螭纹,纹饰互相穿插叠加,生动形象。最精彩的部分在器物上部,器盖有双层莲瓣,莲瓣中央有一只仙鹤引颈欲鸣、展翅欲飞,将整个器物装饰得浑然一体。

莲鹤方壶，是中原晋文化和南方荆楚文化，黄河文化和长江文化交融碰撞的结果。它反映了春秋战国时期百家争鸣、思想自由的时代背景，也反映出当时的人们已经从"敬鬼神"逐渐变化为开始关注身边的世界、关注自己的生活。郭沫若先生称这件器物是"东方最美的青铜器"。

了不起的工艺

"灰头土脸"的青铜器

虽然"青铜"这个词里有个"青"字，但刚做出来的青铜器其实是金灿灿的，所以青铜器在古代也被称为"金器"。

那么，为什么现在博物馆里的青铜器看上去大多是青绿色的呢？

如果大家细心观察就会发现，我们家中那些金属做成的门把手、门吸等，用久了之后是会生锈的，颜色也会发生变化。青铜作为一种合金,时间久了一样会生锈。我们现在看到的青铜器上的青绿色、青黑色甚至蓝色,其实都是铜锈的颜色,因为保存环境不同,所以锈色也各有差异。

你或许会问:为什么博物馆里的工作人员不把这些锈都清除掉,一定要让青铜器这么"灰头土脸"地出现在展厅里呢?

这就涉及文物修复里的一些规定了。为了最大限度地保护好这些宝贝,国家做了很多规定,比如修文物应该怎么修,要用什么工具和方法来修,哪些部分可以修哪些部分不能修,等等。如果青铜器上的锈蚀已经稳定,一般就不会清除掉。因为除锈的工作会对青铜器本身造成很大的伤害,有些历史的"密码"有可能会从此永远消失。

不过,如果大家平时到博物馆中多参观参观,也能发现几件保存得比较好、历经了千百年依然金光闪闪的青铜器呢。也多亏了它们,让我们能够想象出,它们那些现在看起来"灰头土脸"的同伴,曾经是多么的耀眼夺目。

古代青铜器的零部件是如何组装的?

古代青铜器最常用的制作方法是范铸法,即先用陶泥做出范,再从范上开个小孔将青铜液浇注进去,液体凝固后,将范打破,青铜器就做好了。但实际上,青铜器的造型多种多样,有的简单,有的复杂。有很多器物很难一次性做出来,于是就要先做好各

部分,再通过零部件把它们组装起来。组装的时候,古人虽然没有今天常见的电焊工具,但是也创造了许多实用的方法,下面就让我们一起来了解一下吧:

1. 分铸法:先把青铜器的一些小部件做好,然后在制作器物的主体部分时,把这些部件直接放进主体部分的外范里,这样在浇铸时,灼热的青铜液就能把小部件与主体部分连接成一个整体。这种方法在3000多年前的商代已经出现。

2. 榫卯(sǔn mǎo)铸接:以凹凸方式使物件相连接,是我国古代建筑部件、器物零件连接的主要方式之一。在一件东西上做出一个凹槽,在另一件上做出跟这个槽完全契合的一个凸起,这样就能把这两件东西牢牢地嵌在一起。凸起来的部分叫作"榫",凹进去的部分就是"卯"。这种连接方式在春秋战国时的青铜器上已经使用。

3. 钎(qiān)焊:这一方法运用的是不同的金属熔点不同的原理。使用钎焊技术时,会用比青铜熔点低的金属作为钎料,这样在对器物进行加热时,钎料会比青铜先熔化,流进青铜部件的缝隙里,等冷却之后,不同的青铜部件就能被焊到一起了。这种焊接方法也是春秋战国时期的发明。

第二章

千年不坏的"魔法"

　　关于漆,有这样一句话:"滴漆入土,千年不坏。"六七千年前,我们的祖先就尝试将漆涂在器物的表面,漆器就这样诞生啦!有了漆的包裹,器物就像有了一层耐潮、耐高温、耐腐蚀的安全罩,不容易被损坏。与此同时,漆还可以起到很好的装饰作用。媲美瓷器的光滑表面,光彩照人的配色雕花,都展示出漆器别样的美。

　　漆料包裹胎骨,构成了一件件灵动雅致、宏大浑厚的器物,它们跨越古今在博物馆中与大家重逢。接下来,就让我们一起来解读这些珍贵漆器背后的文明密码!

贵族们的地下居所——马王堆一号墓木棺椁

神秘的蓝色火焰

1972年9月,时任日本首相的田中角荣访华,这次访华实现了中日邦交正常化,是中华人民共和国成立后一次重要的外交事件。就在访华行程将要结束的时候,田中角荣却提出了一个奇怪的请求:想要几根女尸的头发。这具女尸是谁?她有什么特别之处?她为什么能引起日本首相的关注呢?要想回答这些问题,就要从1971年年底的一次考古发现说起。

1971年冬,长沙郊区马王堆的两个小山坡下,工人正在施工。

湖南省军区366医院想在这里建一个防空洞,但是施工过程并不顺利,总是遇到莫名其妙的塌方。不仅如此,工人们在发掘过程中还发现了来源不明的气体,这些奇怪的气体能够让火柴烧得更加猛烈,产生蓝色的火焰。不明就里的工人们十分恐慌,甚至觉得这是传说中的"鬼火"。

湖南省博物馆(今湖南博物院)的研究人员接到报告后,立刻意识到这事并不简单,于是迅速来到现场进行考察。经过对周围环境的勘查,研究人员判断这里应该有一座大型古墓。而那些奇怪的气体,也并不神秘,而是一种叫作甲烷的气体,也就是我们常说的"沼气"。有甲烷气体溢出,说明墓葬原来的密封和保存状况很好。不过,墓葬内气体外溢,外面含氧量高的空气进入墓室,会使文物加速毁损,所以必须立即进行考古发掘。

工程浩大的考古发掘

然而开展这项考古工作并不容易。当时我们国家对考古工作的投入非常有限,考古工作者向上级申请了12000元工作经费,但实际只获批了6000元。

挖掘工作需要请民工、添器材,这点经费远远不够。为了能尽快完成发掘,减少对文物的伤害,湖南省博物馆全馆工作人员一齐上阵。他们不仅自己参与发掘,还积极发动长沙市20多个学校的近2000名学生进行支援,就这样,人手不足的难题迎刃而解。

经过考古队员和学生们的共同努力,1972年3月31日这天,墓坑里的最后一层填土被清理出来,露出平整的白膏泥。这是一种非常细腻的泥土,民间俗称"观音土"。因为质地细腻,白膏泥可以隔绝空气,防止尸体和随葬品腐烂。白膏泥之下还填充了大量木炭,这是古人用来防潮防腐的"秘密武器"。木炭下面,就是我们接下来要介绍的主角——马王堆一号墓木棺椁(guǒ)。

层层相套的"另一个世界"

在古代，人们认为人死后应该"入土为安"，所以大多会选择土葬。对于一般百姓来说，有一个棺就足够了，但贵族们却不这么想，他们会在棺的外面建一间小"房子"，这就是椁。棺椁的层数越多，说明死者的身份越高贵。而马王堆一号墓木棺椁仅内棺就有四层，说明墓主人的身份十分尊贵。除了数量多之外，马王堆一号墓木棺椁的制作工艺也十分精良。其中，最外层的木椁由70块木板组合而成，最大的一块木板重达1.5吨。而四层内棺，从外到里依次为黑漆素棺、黑地彩绘棺、朱地彩绘棺与锦饰漆棺。

第一层的黑漆素棺是个大块头，表面没有任何花纹，看上去就是个普普通通的黑箱子。而下面几层棺和它完全不同，每个侧面包括棺盖上都

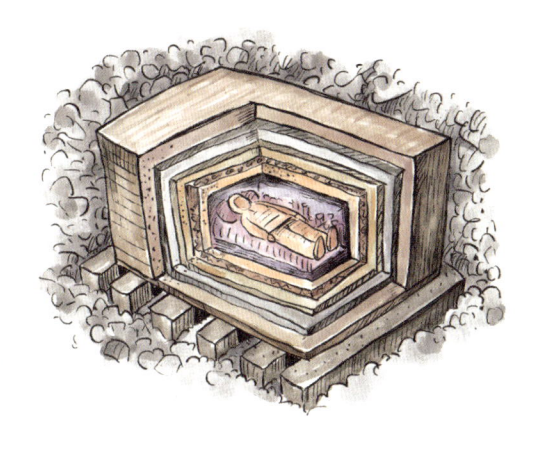

满满当当地画着各种图案。这些图案究竟代表了什么？它们为什么被绘制在棺材上呢？

要想回答这些问题，我们要先了解古人的世界观。原来，在古人的认知中，除了现实世界，还存在"另一个世界"——既包括地下的亡灵世界，也包括天上的神仙世界。他们会把自己对这些地方的想象与憧憬绘制在棺椁上。

仔细看，第二层黑地彩绘棺是用黑漆打底的，上面画满了拖着长尾巴的云彩，各种神怪、异兽在云彩间若隐若现。这些云彩叫作云气纹，那些神怪异兽，有的在演奏乐器，有的在跳舞，还有的在狩猎，一派欢乐热闹的景象。

黑地彩绘棺上的
神怪异兽

西汉　黑地彩绘棺　湖南博物院藏

第三层朱地彩绘棺里外都涂有朱红色的漆。同学们可不要小瞧它，在棺材上刷朱漆是汉代丧葬礼仪中等级最高的一种，只有天子、诸侯和极少数的宠臣才能使用，由此可见墓主人身份的高贵。棺外层朱红色的背景上画有龙、虎、朱雀、鹿、仙山等各种图案，这是什么意思呢？

原来，画面中的龙、虎、朱雀、鹿可不是普通的动物，在古人看来，这些动物都是"瑞兽"，它们是墓主人的"护卫队"呢。

西汉　朱地彩绘棺　湖南博物院藏

朱地彩绘棺上的龙虎相斗图案

朱地彩绘棺上的仙山与白鹿图案

最后一层是墓主人栖身的锦饰漆棺。之所以叫这个名字,是因为它的外面缠了两道锦帛,每道有六七层。除此之外,盖板和四壁上还装饰着羽毛,这是我国考古史上第一次在木棺上发现羽毛装饰。大诗人苏轼在《赤壁赋》中写到"飘飘乎如遗世独立,羽化而登仙",看来,墓主人是把成为神仙的希望寄托在了这些羽毛上。

西汉　锦饰漆棺　湖南博物院藏

锦饰漆棺上的羽毛贴花绢

千年不坏的"魔法"　83

2000多岁的辛追夫人

云气纹、神兽、仙山……古人把这么多内容用彩漆绘在木制棺椁之上,奇幻的画面带我们穿越千年,进入了古人神秘又瑰丽的想象世界,当棺椁被缓缓打开,眼前的景象震撼了所有人。

出现在大家眼前的是一具保存非常完好的女性尸体。我们都知道,尸体放久了就会腐坏变成一具枯骨,如果保存环境恶劣,骨头甚至都难以留下。然而,马王堆一号汉墓的主人却完全不同。当考古学家揭开墓主人身上覆盖的纱衣时,呈现在眼前的是外表完整、手脚纹路清晰、皮肤光滑细腻甚至柔软有弹性的身体。她全身的毛发都被保留了下来,甚至眼睫毛都能看得清清楚楚!

为什么古尸能逾千年而不朽?其背后有着怎样高超的防腐技术?想知道答案的不仅是我们,邻国日本也一样,古尸不朽之谜背后隐藏的巨大科研价值就是田中角荣向我国索要女尸头发的原因。

经过研究,马王堆汉墓墓主不朽之谜终于被解开。原因十分复杂,其中最重要的就是深埋和密封。棺椁深埋在地下,在它的上面一共有四重保护层——层层棺椁严丝合缝地将墓主的尸体包裹起来,这是第一重保护;棺椁之外填充木炭吸水防潮,这是第二重保护;木炭层外敷以厚厚的白膏泥,防止氧气和水分渗入,这是第三重保护;墓葬深埋在地下几十米处,隔绝光线和空气,这是第四重保护。有了这样的层层防护，棺椁内部形成了一个不透光、不透水、不透气的密闭环境。在这样的环境中，各种依赖氧气生存的细菌无法滋生，所以马王堆女尸才能千年不朽。

根据墓葬的年代和墓中的文物信息，考古学家推测出马王堆一号汉墓的墓主人是西汉长沙国丞相利苍的妻子——辛追。长沙国是西汉时期汉高祖刘邦分封的一个诸侯国，这个诸侯国经历了吴氏长沙国和刘氏长沙国两个时期。辛追夫人生活在吴氏长沙国时期，距今已经有2000多年了。

辛追夫人复原人像

穿越2000多年的时光，今天我们还能在湖南博物院见到古人的"真容"，真是太神奇了！承载她的木制棺椁不仅是辛追夫人死后的居所，更是我们了解古人精神世界的重要一站！

家中的"黑板报"
——司马金龙墓漆画屏风

混血贵族

1965年的冬天,山西大同郊区的石家寨村的村民正在打井,铁镐没刨几下,就发出哐哐的声响,显然是挖到了坚硬的东西。清除了浮土,人们发现下面是一块青灰色的砖,上面印有奇怪的文字。村民们意识到不对劲,立刻把发现古砖的事情报告给大同市博物馆。经过考古研究人员的调查和发掘,确认这是南北朝时期的一座古墓,墓主人是北魏的司马金龙和他的第一任妻子。

司马金龙是谁?介绍他之前,让我们先了解一下他生活的北魏，它是由少数民族鲜卑族拓跋（bá）氏所建立的政权。从汉代开始，北方游牧民族和中原王朝不断发生冲突，与此同时，文化交流也频繁起来。到了魏晋时期，北方游牧民族更加强大，经常和中原王朝发生冲突，但也促进了前所未有的民族大融合。

司马金龙是个"官二代"，也是个"混血儿"，父亲是汉人——北魏征南大将军、琅琊贞王司马楚之，母亲是鲜卑人——北魏宗室的河内公主。这位衔着"金汤匙"出生的贵公子从小认真学习，热爱钻研军事知识，长大后在朝廷担任重要官职，还承袭了父亲的琅琊王爵位。他的第一任妻子叫钦文姬辰，是北魏陇西王的女儿，于公元474年去世。10年后，司马金龙离开人世，与发妻合葬。由此看来，夫妇二人的感情十分深厚。

北朝　司马金龙墓碑　大同市博物馆藏

南北朝时的"黑板报"

这么一个大家似乎并不太熟悉的人,他的墓中竟然出土了很多重要的文物,其中最引人注目的是一件漆画屏风。漆画屏风出土时一共有五块,每块80厘米长、20厘米宽,背景是红色的,上面画的是一幅幅彩色人物故事图,每个故事旁都有对主题的介绍,用黑色字写在涂成黄色的木板上,十分醒目。人物故事取材自汉代刘向所编写的《列女传》《孝子传》,内容与历史上一些著名的帝王、忠臣、孝子、贤妇有关。

北魏的屏风上为什么画了这么多汉人的故事呢?在回答这个问题之前,让我们先来了解一下屏风是做什么用的。屏风是古人房间中的一件家具,出现于西周时期,有挡风和分隔空间的作用。为了美观,人们会在屏风上绘画、题字,所以屏风还能起到装饰房间的作用。当然啦,这些都是屏风的基础功能。不过,我们从司马金龙墓漆画屏风上还发现了它的另外一个作用:宣传。

汉民族政权的统治者都强调"以孝治天下",少数民族政权的统治者也是这样。特别是北魏的孝文帝,他将儒家文化带入了鲜卑族的生活中,希望通过宣传孝文化而让百姓对父母更为尊重,让家庭关系更加稳固和睦。原来,古代常把君臣关系和父子关系作类比,对父母尊重,也就是对君王忠诚。把美德故事绘制在屏风和墙壁之上,相当于今天画黑板报、贴宣传画,都是为了加大宣传力度,达到"郡县乡里闻风景从"的效果,意思就是让街坊邻里都来效仿。

屏风上的故事

司马金龙墓漆画屏风分正背两面,正面绘画表现内容均取材于《列女传》,屏风背面绘画则多为《孝子传》里的人物事迹。

其中,古代君王舜的故事就与"孝"这一主题息息相关。相传舜在很小的时候母亲就过世了,舜的父亲瞽叟(gǔ sǒu)续娶了妻子,还生了孩子,取名象。后母对舜并不好,弟弟也是个傲慢甚至狠毒的人。而舜的父亲瞽叟是个糊涂蛋,只会听舜继母的话。所

北朝　司马金龙墓漆画屏风　分藏于山西博物院、大同市博物馆

以舜不仅要干各种脏活累活,而且连犯下小错都会受到父亲的重罚。有一次,舜在高处修理粮仓的时候,继母和弟弟在地上点火想要烧死他,幸好舜及时跳下逃过一劫。即使这样,舜也并不怨恨家人,依旧孝敬父母,疼爱弟弟。久而久之,舜就因为孝顺出了名。

舜三十岁的时候,通过禅(shàn)让制成了尧的接班人,担任部落首领。不仅如此,尧奖赏给品行高尚的舜许多衣服、乐器、牛羊,还替舜建造了粮仓,并将自己的两个女儿娥皇、女英嫁给了舜。舜的德行为后世称赞,历代统治者都会大力宣扬,希望可以起到教化子民的作用。

"禅让"指首领生前将统治权让给他人,是中国原始社会部落联盟推选首领的制度。

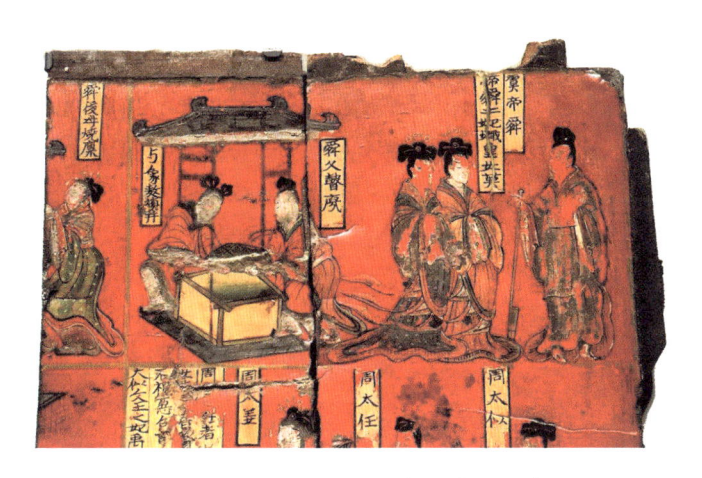

司马金龙墓漆画屏风上有关舜的故事

此外,屏风上还绘制了周室三母、班姬辞辇(niǎn)、李善养孤、李充奉亲、如履薄冰等故事,都是用历史人物的美德故事来喻世教民。这些故事讲的都是什么内容呢?期待你走进博物馆去一探究竟!

一把年纪的小屏风
——彩绘漆雕小座屏

竹简上的身份信息

同学们,我们已经认识了屏风这种家具,知道它除了能够装饰房间,还有宣传和教育民众的作用。和体积较大的司马金龙墓漆画屏风不同,接下来我们要介绍的这件战国时期的彩绘漆雕小座屏,外形则十分小巧。它高15厘米,通长51.8厘米,也就比我们现在使用的电脑键盘长一点儿。之所以叫座屏,顾名思义,是因为这个小屏风有一个稳定的底座,可以竖直地摆放。仔细看看,它"身材"迷你,身上的花纹还是镂空的,实在不具备挡风、分隔空间的作用。但你可千万别小瞧它,它可是国宝呢!

战国　彩绘漆雕小座屏　湖北省博物馆藏

　　这件彩绘漆雕小座屏于1965年出土于湖北江陵望山1号楚墓，之所以能成为国宝，和它的"年龄""容貌"密不可分！现藏于湖北省博物馆的它制作于战国时期，也就是说它已经有2000多岁了。人们是怎么知道这一点的呢？这就要归功于一片和它一同出土的竹简了！在这片竹简上，刻有"声王""悼（dào）王"等文字。

千年不坏的"魔法"　93

江陵在战国时期属于楚国,因此上面两个王指的就应该是楚声王和他的儿子楚悼王。这么一来,人们大概就判断出这件彩绘漆雕小座屏的年代了。

座屏和屏风的区别在于,座屏不能折叠,它在古代是实力和身份的象征,不是寻常人家所能拥有的。能摆得起精美的座屏,说明这家人非富即贵。

艰难的修复过程

望山1号墓被发现时,内部已经进水,这件彩绘漆雕小座屏已经不知道在积水之中浸泡了多少年,后来又长期被锁在湖北省博物馆不见阳光的库房之中。慢慢地,这件"一把年纪"的文物受损的程度越来越严重,这让文物专家们心急如焚,决定立即对它进行脱水处理。这项艰巨的任务交到了工作人员陈中行的手中。此时是1975年,已经是文物被发现后的第十个年头。

要知道,当时我国文物保护的能力并不算很强,很多技术只能依靠工作人员自己凭经验摸索。陈中行接到这个任务之后,也是倍感压力。他小心翼翼地拆开小座屏的屏风和底座,将它们分别进行脱水处理。他最担心的情况是,脱水工作完成之后,两部分会因变形程度不一致而无法重新安装。那样一来,整件文物的价值就大打折扣了。

为了圆满地完成修复任务,陈中行只好重新钻研业务知识,并向不同专家请教。幸好,经过他不懈的努力,这件文物终于被修复一新,屏风主体和底座成功拼装,严丝合缝。陈中行的苦心没有白费,而文博爱好者们悬着的心也终于放下。

如今,这件彩绘漆雕小座屏作为湖北省博物馆的五大珍品之一,静静地站在玻璃展柜之中,与来自五湖四海的参观者见面。它的发现、保存和修复过程,充分展现了新时期文物工作者高度负责的态度和精湛的业务能力。

屏身上的小动物

有人用"生动又活泼"来形容这件小座屏。为什么这么说呢?这是因为屏身上雕刻了凤凰、小鸟、小鹿、青蛙、小蛇、蟒等各种动物的图案,简直像开了个动物园。这些动物形象栩栩如生,错落有致地排列在小座屏上。凑近看,我们甚至能看到凤凰的羽毛、小鹿的斑点、蛇和蟒的纹路……这些动物以"双凤争蛇"为中心,左右对称、疏密得当。屏上的空间象征着天空到陆地,屏座则象征地下河流,巧妙地把鸟蛇搏斗、蛇吞蛙、凤舞、鹿跃等画面生动地展现在了我们眼前。研究人员推测,小座屏上的这些动物图案有着特殊的含义。

中国人自古崇拜龙,自称"龙的传人"。但是在古代中国,并不是所有地方的所有人都崇拜龙,比如在战国时期的楚国,人们更崇拜凤,美丽而神秘的凤就是楚国的图腾。和龙一样,凤也是一

> 你能找到几种动物?

种想象中的生物。小座屏中的鸟就是凤鸟的一种,被称为鸾。

地上的大蛇相互缠绕盘曲,给人以可怖之感,明显是反面形象。凤与蛇反映了古人心中正邪对立的观念。当时的人认为这种蛇不仅会伤害人畜,还会

"见则大旱",也就是说它们出现就预示很久都不会下雨,会有大旱,这对以耕种为本的古人来说可不得了,因此他们十分厌恶蛇。仔细观察,底座上缠绕的蛇像是在水中蜷缩成一团,似乎已经被制服,不能动弹。

除了凤和蛇,跳跃的小鹿的图案也十分醒目。鹿角纤细,鹿的身形曲线流畅,极富动感。鹿代表了什么呢?要知道,这时候鹿可还没被人们赋予"禄"的寓意呢。原来,楚国地处云梦泽腹地,这里是鹿的栖息地,当地人对鹿十分崇拜。考古发掘出的楚国墓葬中就常有鹿的形象,墓主人还会用一些镇墓兽辟邪,这些兽头上常常插着鹿角。

> 古人对江汉平原上的湖泊群的总称。

在画面中,凤、鹿、蛇象征着天、地、水,再辅以其他小动物,有动有静,姿态各异。这样一件彩绘漆雕小座屏,正是战国时期漆器的代表作。

1700多年前的木头鞋——朱然墓出土漆木屐

勇猛的东吴大将

漆有什么作用？没错，前面我们已经介绍过，漆的作用是装饰和保护。认识了贵族墓葬中的漆器后，你是不是把漆器和"高贵""气派"等字眼联系到了一起？其实呀，漆器可是"上得了厅堂，下得了厨房"呢。

在日常生活中，漆器也有"平凡质朴"的一面，比如接下来我们要介绍的这件文物。它的故事要从1984年安徽马鞍山市郊发掘的一座三国时期的古墓说起。这座墓的主人是三国时期东吴的大将朱然。

处于汉代和晋代之间的三国时期,是一个割据势力互相争斗、征战频繁的时代,以曹魏、蜀汉、东吴三大政权为代表。东吴政权的奠基者之一叫孙坚,他的儿子孙权后来成了东吴的开国皇帝。东吴有一位大将叫朱治,他一直没有孩子,后来领养了姐姐的儿子,这个孩子就是故事的主人公——朱然。朱然和孙权一起读书,一起长大,结下了深厚的友谊。

孙权当了皇帝后,就任命朱然为地方长官。朱然很有才能,一路高升。223年,曹魏攻打东吴,一众大将很快就打到了朱然镇守的江陵城。守卫江陵可不是件容易的事,因为这里地势平坦,曹魏骑兵可长驱直入,而且在朱然镇守江陵之前,曹魏曾经占领过这

个地方，可以说对这一带十分熟悉。更致命的是，双方兵力对比悬殊——朱然的守军中可用兵力只有五千人，而曹魏大军有数万人。孙权也曾派兵支援，可援军还没到江陵就被曹魏大军击溃了。曹魏大军在江陵城外修土山、挖地道、建高台，发动一轮又一轮的攻势。在这样危急的形势下，朱然却全然不惧，他身先士卒，冲锋在前，不断激励守城军民的士气，其间还抓住机会率军出击，攻破敌军大营，勇猛无敌。

曹魏大军包围江陵城整整六个月，想尽了各种办法依然没能破城，于是只能退兵。江陵保卫战成了三国时期唯一一场在兵力悬殊且没有援军的情况下迫使敌方撤退的战例，朱然也由此获得了赫赫威名。249年，朱然病逝，孙权十分悲痛，穿上素服哀悼他。这样一场开始于年少时的友谊至此画上句点。

木屐的故事

在朱然去世1700多年后，他的墓在安徽马鞍山的安民村被发现。虽然墓曾经被盗，不过仍然出土了不少极有价值的漆木器，其中有一双漆制木屐非常显眼。

这双漆木屐呈椭圆形，屐板和屐齿由同一块硬木板刻凿而成。屐面上有三个系孔，前端一个，后端两个，用来固定细绳，便于穿着。

我们可以看到，屐面上散落着一些小亮片，看上去很漂亮，这

三国　漆木屐（复原）　马鞍山市博物馆藏

是怎么做到的呢？原来，木屐主体刻凿完成后，工匠就在木胎上打灰腻，在屐面的灰腻中镶嵌进细小的彩色石粒，然后再给木屐整体上黑漆，最后把屐面磨平，这样就能露出点缀其间的彩色小石粒，使之呈现出一定的美感了。

别看这双漆木屐看上去并不"张扬"，它可是目前我国发现的最古老的漆木屐。关于木屐的起源，《庄子》中还记载着一个故事呢！

春秋时期，晋国的太子重耳因为争夺王位失败被迫流亡国外。他和自己的随从东躲西藏，常常食不果腹。有一天，一个随从实在坚持不住了，就带着仅剩的粮食逃走了。重耳又累又饿，就快坚持不下去了。为了让重耳活命，他身边一个叫介子推的随从就从自己的大腿上割下一块肉，煮汤让重耳喝下，救了重耳一命。后

来，重耳结束了长达19年的流亡生涯，回到晋国成为国君，也就是历史上著名的晋文公。

晋文公要对曾经帮助过自己的人论功行赏，淡泊名利的介子推主动隐居山林。晋文公亲自带人进山寻找，可介子推始终不愿露面。有人建议晋文公放火烧山逼介子推现身，可山林起火后，介子推仍不愿下山，最终被烧死在一棵大树之下。晋文公十分悲痛，于是令人砍下这棵大树制成木屐穿在脚下以作纪念。

当然，这只是一个传说。事实上，1986年在浙江宁波慈湖遗址发现了5500年前的木屐，比晋文公所在的时代还早了近3000年，而且这双木屐是目前所见的最早区分左右的鞋。

> 我比晋文公大了将近3000岁！

新石器时代　木屐　宁波博物院藏

与相对柔软的草鞋、布鞋不同，木屐具有特殊的功能。比如，李白所作的《梦游天姥(mǔ)吟留别》中有"脚著谢公屐，身登青云梯"一句，这里的"谢公"指的是南朝的诗人谢灵运。传说谢灵运因为爱好旅游，专门发明了方便爬山的木屐，这种木屐的屐齿可以拆卸，上山时拆掉前齿，下山时则拆掉后齿。

漆盘上的贵族生活

除了漆木屐之外，朱然墓还出土了另一件国宝级文物——贵族生活图漆盘。盘是我国漆器中的传统器形，古代墓葬中有不少漆盘出土，比如马王堆汉墓就一次性出土了50多件漆盘。可是，被列入首批禁止出国（境）展览文物的漆盘却只有朱然墓中的这一件。原因在于它制作精美，盘面上的绘画不仅为研究当时贵族的生活提供了珍贵的图像资料，而且，由于三国时期的绘画作品非常罕见，所以这件漆盘上的绘画可以说是填补了中国绘画史上的一段空白。

三国　贵族生活图漆盘
马鞍山市博物馆藏

这件贵族生活图漆盘直径24.8厘米,高3.5厘米,大小和我们家里使用的盘子差不多。漆盘主要使用了黑、红两种颜色,盘内壁涂红漆,外壁涂黑红漆,颜色搭配既古朴又典雅。

盘上的图案层次分明,画面中一共有12个神态动作各不相同的人物,分为上、中、下三排。其中,最上面一排有5个人,4人相对跪坐着宴饮,左侧站立着一个小童,就像是宴席上的"服务员"。中间一排同样有5个人,最左边的那个人正在对镜梳妆盘发,他右边的两个人像是在下棋聊天,最右侧的两个人像是驯兽师,正在训练老鹰。最下面一排,场景转到了户外,在层层叠叠的山峦中间有两个人像是正在游玩,一人骑马在前,另一人紧随其后,看上去是主仆关系。整体来看,这件漆盘红、黑两种颜色的使用讲究层次,流畅的线条勾画出了贵族宴饮、出游、娱乐、梳妆的惬意生活,显示了三国时期东吴漆器彩画的高超技艺!

"其貌不扬"的国宝
——河姆渡文化木胎朱漆碗

大名鼎鼎的遗址

1973年夏天,浙江余姚罗江公社河姆渡村正在建造排涝站。这天,工人们正像往常一样大汗淋漓、热火朝天地挖着土,突然,他们发现土层中凌乱地散落着陶罐、石头、瓦片。这会不会是古代遗迹呢?工人们立刻向上级报告了这一情况。闻讯赶来的考古队员立刻对此地进行了发掘。就这样,总面积达4万平方米的河姆渡遗址得以重见天日。

闻名世界的河姆渡遗址是一处新石器时代的遗址，出土陶片几十万片，还出土了陶器、骨器、石器以及植物遗存、动物遗骸、木构建筑遗迹等大量珍贵文物。河姆渡遗址反映了约7000年前长江下游流域氏族的生活情况，证明了长江流域也是中华文明的发源地之一。

河姆渡遗址

"其貌不扬"的国宝

在浙江省博物馆里，陈列着很多珍贵且精美的文物。相比之下，一个已经残破的木碗就显得很不起眼。但你可别以貌取"碗"，它可是入选了首批禁止出国（境）展览文物目录的国宝——河姆渡文化木胎朱漆碗。它有着响当当的头衔：中国发现最早的漆器

新石器时代
河姆渡文化木胎朱漆碗
浙江省博物馆藏

之一。为什么是"之一",咱们下边会说到。但如果单说漆碗,它就是毫无争议的第一啦!

这个碗是由一整段木头挖空中心制成的,看上去比较"粗笨",碗的外壁比我们现在使用的碗厚了很多,扁扁的腹部向外鼓出,碗底有一圈支撑,被形象地叫作圈足。虽然这只碗已经残损,但是表面涂抹的朱红色涂料十分引人注目。植物所的研究人员将这层涂料与现代生漆进行了比较,发现成分相同。毫无疑问,木碗上的朱红色涂料正是天然生漆。

这一发现意义重大,说明早在六七千年之前,中国人不仅已经熟悉漆的性能,而且在木器制作上也"手艺不俗"。他们将漆与碗相结合,展现出高超的制作水平和独具匠心的艺术天赋。

新石器时代　跨湖桥文化漆弓
跨湖桥遗址博物馆藏

井头山遗址出土的扁圆体木棍（左）
和带销钉的木器残件（右）

此外，通过对河姆渡遗址出土的漆器的分析，研究人员发现河姆渡人所使用的生漆都被加工过，由此推断古人开始使用纯天然生漆的时间应该更早。研究人员的这个推论很快得到了证实——20世纪90年代，人们在杭州萧山跨湖桥遗址中发现了一把7800年前的"漆弓"，研究表明，这把弓使用的涂料是天然漆。

2019年，考古专家们对位于浙江余姚的井头山遗址展开发掘。在两件出土木器的表面，人们发现了一些黑色物质。经检测，这些黑色物质竟然是人工漆！这一发现将中国乃至世界使用漆的历史提早到8200年前。这两件木器也成为迄今为止我国发现的最早的漆器。

当然，随着考古工作的推进，也许在不久的将来，这个记录会被再一次刷新，就让我们拭目以待吧！

漆器中的巨人
——曾侯乙墓外棺

谁是曾侯乙

湖北随州有一个叫擂鼓墩的地方。这个名字很有趣,传说在战国时期,楚庄王为了平息宰相斗越椒的叛乱,亲自在这里擂响战鼓,指挥军队作战。这个地名正是由此得来。

1978年2月底,武汉空军某部雷达修理所在擂鼓墩一带扩建厂房,工人们开山炸石,红砂岩下被炸出一大片褐色的土层,厂领导敏锐地觉察到这里可能是一座大型古墓。上报后,经过一系列周密的准备工作,考古队于5月对这座大型古墓正式进行发掘。

随着墓坑的残存填土被完全清除,覆盖着墓室的47块巨型石板完全显露出来。原来,这是一个模样奇特的竖穴木椁墓,墓室按方位分为东、中、西、北四个墓室,东室中放置着主棺,墓主人就躺在其中。主棺旁有一件刻着"曾侯乙之寝戈"几个字的戈,研究者由此断定,棺内之人是曾侯乙。

> 从地面垂直向下开掘出一个长方形的空间,作为放置棺椁的墓室。椁为木质,其中放着棺和随葬品。

曾侯乙墓发掘现场

曾侯乙是谁呢?让我们先来了解一下这个"曾"字是什么意思,它指的是周天子分封的诸侯国之一——曾国。西周有一个叫南宫适的重臣,他辅佐周文王、周武王灭了商朝,平定天下,周王朝建立后,这位功臣就被分封到南方,以实现周王朝对江淮一带的控制。而南宫乙就是南宫适的后代,是战国早期曾国的诸侯,所以被称为曾侯乙。

曾侯乙墓出土了礼器、乐器、漆器、金玉器、兵器、车马器和竹简15000余件,仅青铜器就有6239件。其中曾侯乙编钟一套65件,是迄今发现的最完整、最大的一套青铜编钟,甚至改写了世界音乐史。

不过,我们接下来要介绍的并不是这套编钟,而是曾侯乙墓中的外棺。

漆器中的巨人

前面我们已经介绍过,棺椁是贵族死后居住的"房子",地位越高贵,"房子"的层数就越多。而曾侯乙墓的外棺,顾名思义,就是主棺的最外层。这个巨大的棺椁位于地下13米深的墓穴之中。

提到这件文物,首先不得不说说它的"体重",为了能将这件重量级文物搬出墓葬,考古队员们可是颇费了一番周折。据当时参与发掘的考古队员介绍,为了不破坏外棺上的漆彩绘,机械工程师专门做了一个载重6吨的平板车,想用吊车吊起整座木棺之后装在平板车上推走。但谁能想到实际起吊时,原本可以吊起8吨重物品的吊车加足了马力也无法吊起整座木棺。没办法,最后只能现场开棺,采用内外棺分开起吊的方法才总算把这件巨大的

文物运走。起重机的计重器显示,光是棺盖的重量就超过了2吨,外棺重量更是超过7吨,真是当之无愧的"巨人"。

曾侯乙墓外棺出土现场

想吊起我可没那么容易!

这座漆木棺的结构十分复杂,外棺的主体看上去就是一个大大的铜框架,框架间还嵌入了一块块厚木板,所以它才会如此之重。围着它看一圈,你会发现外棺并不是完全密封的,在它的侧下方开了一个小洞。这个小洞是做什么用的呢？研究人员推测它的作用相当于门窗。当时的人相信有灵魂存在，这小洞估计就是让墓主人死后灵魂能够自由出入用的。

除了"体重"之外，这件文物的"颜值"也同样值得关注，它的纹饰极有特色。外棺的外壁以黑漆为地，上面画有朱彩，色彩艳丽，对比强烈。纹饰的雕琢用到了透雕、浮雕、圆雕等许多雕刻方法，线条自然流畅。棺身上的纹饰足足构成了20组图案，每组以圆涡（wō）纹为中心，周边用龙纹卷曲勾连。龙纹也是这座棺上变化复杂、最具特色的一种纹饰。

战国　曾侯乙墓外棺　湖北省博物馆藏

曾侯乙墓外棺上的花纹

与外棺的庄重质朴相比，内棺更加精美华丽。内棺以朱红色的漆料为地，上面画了各种形态的龙、蛇、鸟、走兽以及神等，图案精致，笔触细腻。丰富奇幻的想象彰显了战国时期楚文化的浪漫主义风格。再联想到屈原的名篇《离骚》《九歌》，你是不是会有更深的感悟呢？

战国　曾侯乙墓内棺　湖北省博物馆藏

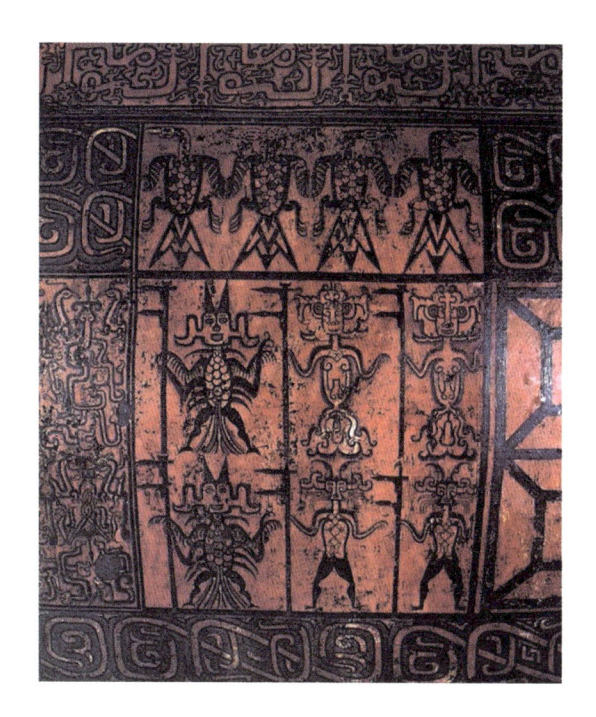

曾侯乙墓内棺上的花纹

曾侯乙墓外棺，是我国迄今为止发现的器形最大、重量最重、结构最复杂的一件特大型漆器，它的发现对研究战国时期楚地文化有着重要意义。如果同学们有机会到湖北省博物馆参观，一定不要错过它哟！

千年不坏的"魔法"

了不起的工艺

蒹葭堂本《髹饰录》
东京国立博物馆藏

制作一件漆器分几步？

制作漆器是我国传承千年的工艺。

《髹（xiū）饰录》是我国现存的唯一一本漆工技术专著，它原是明代著名漆工黄成在总结前人经验和自己长期实践的基础上编著成书的。后来，又于天启五年（1625）由嘉兴西塘著名漆工杨明逐条加注并作序，书中的内容更加翔实。杨明在《髹饰录》中用"千文万华，纷然不可胜识"来慨叹当时漆器技艺的品种繁多，意思是漆器的千万种花纹与色彩，令人眼花缭乱。

现在我们在博物馆中可以看到许多颜色丰富、图案多样的漆器，这些华丽的漆器都经历了复杂的制作过程。就以司马金龙墓漆绘屏风为例,借助现代科学仪器,我们可以看到它从内到外的结构依次是:木胎、织物层、漆灰层、底漆层、红色漆层、色漆层。经过一系列复杂的工艺,色彩缤纷的漆器才最终呈现在我们的眼前。

制作这样一件漆器需要哪几个步骤呢?

1.制作木胎。

首先,木材的选择很重要,主要选用楠木、樟木、榉(jǔ)木等坚硬木料。其次,因为木材含水,容易变形,所以要进行干燥处理。等木材中的水分彻底排净后,工匠会把木材制作成各种形状,木材的拼合处还要涂上一种叫作"法漆"的黏合剂。整体成型后,工匠会用生漆或稀释的漆水刷在木胎表面并打磨平整。这样的制作方法不仅会使木胎更加平整坚固,还能起到很好的隔绝效果。

2.制作"保护罩"。

木胎之外,是织物层和漆灰层。木胎完成后,工匠们会用法漆把一层麻布贴在木胎上。大家可别小看这层麻布,它可以增强器物的韧性,有效防止后期因木材膨胀或收缩而导致漆面开裂。司马金龙墓漆绘屏风能够历经千年而不开裂,织物层功不可没。在织物层之上就是漆灰层。工匠会把粗细不同的灰粉调和,然后依次在器物上刮涂、补平,晾干之后再打磨平整。漆灰层不仅可以增加漆屏的整体硬度和平整度,还可以吸收水分,防止漆器受潮变形。这样一来漆屏就拥有了两层"保护罩"!

3.给漆器打个底。

保护层做好之后,就该添加底漆层和红色漆层了。想要刷出漂亮的底漆,一共需要三步:第一步,一层又一层地上漆,直到达到一定的厚度;第二步,这么多层的漆完全晾干后,要再均匀地薄涂一层生漆;第三步,将煎或晒过的精制漆涂上去。这三步中的每一步都要打磨、抛光,这样才能让漆器表面更加平滑。

4.绘制五颜六色的装饰纹样。

前面的几道工序完成了,现在终于可以在器物表面"写写画画"了,这一层叫作色漆层。根据器物形态和纹饰的需要,制作色漆层可以选用不同的技法。司马金龙墓漆绘屏风色漆层的颜色是用大漆加颜料调制而成的,黄色、红色、白色、黑色、橙红色、青绿色和深绿色等丰富的颜色绘制出了一个个生动的小故事。精美的漆屏就这样呈现在了我们面前。

第三章
编织美丽新世界

丝帛是丝和丝织物的总称,古人说"未织者为丝,已织者为帛"。就如同一根根丝织成了柔软轻便的帛,中国人的智慧也被浓缩成千丝万缕,被细密地编织进这经纬纵横的精致之中。接下来,就让我们一起走近它们,细细欣赏!

织在锦上的祝福语——"五星出东方利中国"锦护臂

墓葬中的发现

在中国西北部的新疆维吾尔自治区境内，有一条著名的山脉——昆仑山。雪水在昆仑山北侧汇聚，形成尼雅河。人们常说水是生命之源，水能孕育生命，也能造就文明，这一说法在这里得到了印证。尼雅河水孕育出了一个富庶的古国——精绝。虽然它只是塔里木盆地里的一个小国，但却是两汉时期丝绸之路上重要的商贸枢纽。

然而，几百年后，这个古国却凭空消失了。大唐高僧玄奘西去求法的时候曾经从此经过，当时它已经难寻踪迹。茫茫沙海，精绝

位于新疆维吾尔自治区和田地区民丰县境内的尼雅遗址

何在？这个困扰了人们很久的谜团直到20世纪90年代才逐渐被解开。

  尼雅遗址位于塔里木盆地南部，被英国人斯坦因于1901年发现。1994年，尼雅遗址被批准发掘。1995年，一支中日联合考察队开始对尼雅遗址进行科考，参加这次考察的北京大学教授齐东方记录了他所亲历的考古过程。那是10月的一天，考古队正在进行日常发掘工作，突然有一位队员带来了好消息：尼雅古城墓地的8号墓中发现了重要文物。刚开始，齐东方并没有太在意，因为之前考古队已经在3号墓、佛寺和居住遗址中发现了不少重要文

物,新发现的文物会更令人意外吗?在那位队员的再三劝说下,齐东方决定去看一看。此时,8号墓的清理、绘图和拍照等信息采集的前期工作已经完成,接下来需要做的是尽快提取文物,防止日照等原因导致的损坏。一切准备就绪后,新疆考古所的四位工作人员合力抬起棺盖,就这样,一件令人意想不到的珍贵文物呈现在所有人眼前。

尼雅遗址发掘现场

　　8号墓是一个男女合葬墓,从墓中人的穿着以及墓中的陪葬品来看,他们属于贵族阶层。令考古队员眼前一亮的是,在男性尸体的右臂上系着一件保存完好、色泽鲜艳的方形护臂。护臂是织锦材质,面积不大,上下边缘各有3条绑绳,表面用蓝、绿、红、黄、白五色丝线织出了云山、星象、草木和鸟兽等图案。这种山石云气与珍禽异兽的图案组合,是汉代织锦的典型纹样。在图案上,从右向左横列着两行相同的8个字:五星出东方利中国。

汉 "五星出东方利中国"锦护臂
新疆维吾尔自治区博物馆藏

不得不说，一切实在是太巧合了："东方"正是齐教授的名字，而齐教授进入沙漠时带了一面五星红旗。护臂上的字，多么像一句穿越千年的预言啊！

天空中的"五星连珠"

护臂上为什么会出现这样的文字？这些文字又是什么意思呢？

新疆文物考古研究所所长于志勇对这些问题进行了仔细研究，他认为"五星"指的就是金、木、水、火、土五颗行星，"东方"则是指我国古代占星术中特定的天空位置，而"中国"这个词与现今

编织美丽新世界 123

的含义不同,指的是黄河中下游的京畿(jī)和中原地区。搞清楚了这些词的含义,我们就明白了整句话的意思:五颗行星在东方的天空形成"五星连珠"或"五星聚会",对中原地区来说是大吉大利的天象。

> 国都和附近的地区。

也许同学们在生活中有过这样的担心:明天的考试能不能取得好成绩,下个星期的运动会能不能如期举行,等等。古人也是一样,当他们对未来的事情充满担忧时,就用一种迷信的方法来预测结果——求神问卦。大到国家运势,小到明天下不下雨,古人都要卜一卜、算一算。而五星齐聚东方这么罕见的天象,自然会备受关注。所以,五星连珠就被赋予了某种特殊的意义,古人把它的出现与国家大事联系到了一起。

织锦上的战役

那么，是什么样的国家大事呢？《左传》有言："国之大事，在祀与戎。"也就是说只有祭祀天地和战争才是古人心中的国家大事。而从同一座墓中出土的另一片织锦就印证了这一点。这件织锦和护臂的色彩、图案与构形完全相同，像是从同一块织锦上裁剪下来的，上面织着"讨南羌（qiāng）"三个字。这两块织锦连起来，意思就是说出现了有利于中原地区的天象，可以讨伐南方的羌族了。

学者们查阅史书，果然在《汉书·赵充国传》中找到了西汉王朝平定南羌叛乱的记载，这就与织锦上的文字对应起来了。赵充国是谁？虽然在历史上不像卫青、霍去病那么有名，但他也是西汉时期重要的将领。南羌又是指哪里？据史书记载，西汉宣帝时，生活在今天青海湟水一带的羌族

汉 "讨南羌"织锦残片
新疆维吾尔自治区博物馆藏

编织美丽新世界

首领胁迫周边的羌族小部落反叛汉王朝,并攻打汉朝管辖的城镇,杀死地方官员。汉宣帝震怒之下决定出兵讨伐,在思考领兵作战的人选时,十分纠结,想派赵充国去,却又担心他年事已高,不能完成平羌的任务。于是,皇帝派御史大夫去问赵充国的意见,赵将军干脆利落地回答说:"没有比我更合适的人了,陛下可以把这件事交给我,不要担忧。"汉宣帝还有点儿不放心,就接着问出战需要多少兵马。赵将军的回答中包含了我们现在耳熟能详的一个成语"百闻不如一见",说到了现场,根据形势就知道需要多少兵马了。

在战场上赵将军坚持不打无准备之仗,不肯轻易葬送士兵的性命,因此受到士兵们的爱戴。战争中虽然多次受到敌方挑衅,但

赵充国一直坚持谨慎应战的原则,还放走了扣押的罕羌(羌族部落中的一支)人质,并告诫他们"只要和反叛部落划清界限,大汉就不会诛杀你们"。消息传回朝廷,很多大臣都不理解,认为这是在贻误战机,赵充国已经年老,不堪重用。汉宣帝听了大臣们的意见也很着急,就下诏给赵充国:"今五星出东方,中国大利,蛮夷大败。太白出高,用兵深入敢战者吉,弗敢战者凶。"大意是说:天象都显示我们会取得胜利,蛮夷会失败。赵将军你赶快打吧,只有敢于用兵才能赢,否则就危险了。

接到命令的赵充国仍然不急不躁,等待最合适的战机。后来,赵充国看准时机偷袭羌人驻地,一举获胜。在作战过程中,汉军不焚烧村落,经过罕羌族的地域时也按照承诺并未攻打。最终,反叛的5万多羌军中先后有3万多人投降,并帮助汉军制服了顽抗的羌军。不战而屈人之兵,凭借威望和信用招降罕羌以及被胁迫的羌族小部落,解散敌人同盟,从而使己方取得胜利,这就是赵充国将军的谋略。

赵充国平定羌乱对边疆其他民族势力起到了震慑作用,赵将军的功绩也在汉王朝广为传颂。"五星出东方"的天象和"平南羌"的故事也成为汉代织物花纹表现的重要内容。这些织物流入西域,成为当地人的生活用品。

"五星出东方利中国"锦护臂穿越千年时光来到我们面前,送上了古人对新时代、新中国跨越时空的祝福。

充满想象力的画作——马王堆一号汉墓T形帛画

帛画的功能

腾飞在天空中的龙、嘴里衔着云彩的蟾蜍、人首蛇身的仙人……你能想象吗？这些看起来奇异的图景错落有致地齐聚于一幅神奇的画作上。它就是马王堆一号汉墓T形帛画。这幅帛画的主人就是前面已经介绍过的千年不朽的辛追夫人，她是西汉长沙国丞相利苍的妻子，身份高贵。T形帛画就发现于她的墓葬——马王堆汉墓一号墓之中。这幅帛画就平铺在内棺上面。

为什么要在棺上铺这样一幅画呢？据墓中发现的资料记载，这幅帛画叫"非衣"，也就是"飞衣"。原来，由于对世界的认识不足,古人认为人死后魂魄会和肉体离散,魂向上飞,魄向下沉。如果魂魄四处飘荡,逝者就会变成孤魂野鬼,所以必须想办法让魂魄回到身体之中,这就要用到"招魂幡"。T形帛画起到的就是这样的作用,帛画上绘有墓主人辛追夫人的模样,就是为了引导魂魄认出肉体,从而回归。当然这也是古人的想象。

这幅帛画的总长度是205厘米,顶端宽92厘米,末端宽47.7厘米。出土时,帛画顶端卷着一根竹竿,四角装饰有飘带,这样的设计突出了它的功能。在将棺椁抬送到墓地的过程中,T形帛画会被一路举在灵柩前,仿佛在引导魂魄跟随。竹竿的作用就是举挂帛画,在祭祀仪式结束后,这幅帛画就连同竹竿被留在了棺上。

顶端宽92厘米

总长度205厘米

末端宽47.7厘米

西汉　马王堆一号汉墓T形帛画
湖南博物院藏

编织美丽新世界　129

这幅T形帛画画面巨大、内容丰富。关于画面的内容和含义，已经有不少研究者进行过研究，他们都有什么发现呢？我们一起来了解一下！

帛画中的天上、人间与地下

这幅帛画上的图案，可以根据内容的不同划分为三个部分：天上、人间与地下。

帛画的第一部分是天上世界。在最上面的中间位置，有一个长着人的脑袋、蛇的身体的人披散着头发威严地端坐着。他是传说中的天神烛龙。现在我们知道日夜交替是因为地球的自转，但是古人却不知道，于是他们想象出烛龙，认为他眼睛睁开时就是白天，眼睛闭上时就成了黑夜。

上下围绕着烛龙的是象征长生的仙鹤。烛龙左边有一轮弯弯的月亮，月亮上画着我们熟悉的玉兔、蟾蜍，月亮之下是一位双手托月的女神，很可能就是嫦娥。在烛龙的右边有一轮火红的太阳，太阳中站立着一只黑色的鸟，它就是我们之前介绍青铜神树时说过的"金乌"。

你可能会问，怎么只有一只金乌呢？别急，瞧，它的下方不就是扶桑树吗，树上还有八轮红日，加在一起就是九个太阳。扶桑树的左边有一座钟，左右两个怪兽正在拉动钟上的绳子演奏"升天"的音乐。天上世界的最下方有一道门，两侧门柱边各有一人，可能

马王堆一号汉墓T形帛画"天上"部分纹样

是守卫天界的门神。门神之上有飞翔的异兽和展翅的雀鸟。

华盖之下,有一位上了年纪的妇人,驼着背,手拄拐杖。妇人面前有两个跪拜的男子,双手捧着什么东西,身后有三个侍女紧紧跟随。人们猜测,画中的妇人是不是墓主人——辛追夫人呢?在辛追夫人的尸身出土后,专家们曾给她做过"体检",结果表明她患有腰椎间盘突出,墓中还随葬有一根拐杖。看来,画面中的这位妇人就是辛追夫人本人。她面前的两个男子应该是人们想象中的天界的使者,特来迎接她。

辛追夫人去世了,她的家人在做什么呢?这幅画上还画出了人们祭祀的场景。地上是被彩色丝织品覆盖着的遗体,桌上陈列着钟、鼎、壶等礼器,桌前七个人分成两列在默哀祈祷。此外,画面上还有祭祀乐器、象征生命力的春神句(gōu)芒等。

帛画的最下部表现的是古人想象中的地下世界。一个赤身裸体的巨人脚踩着交缠在一起的两条海底大鱼，双手向上用力托起象征大地的白色板子，非常威武。这个巨人就是水神禹（yú）疆，在他的脚下，一条赤蛇吐着芯子，它是水神的监督者。禹疆的两边有两只驮着鸱鸮（chī xiāo）的大乌龟，仔细看，乌龟的嘴里还衔着灵芝呢！最底部的大鱼两侧有两只羊角怪兽，这是地府的象征。

马王堆一号汉墓T形帛画"人间"部分纹样

马王堆一号汉墓T形帛画"地下"部分纹样

马王堆一号汉墓T形帛画，画面和谐自然，色彩浓烈丰富，富丽华贵，庄重典雅，让我们感受到了画者高超的绘画技巧以及对古老神话世界的细致描摹，感受到了古人天马行空的想象力，也为我们了解汉代人的生活和文化提供了无比珍贵的信息。

你知道吗？

"辛追夫人"这个名字其实是有争议的。"辛追夫人"之名源于一枚出土印章,这枚印章上印着"妾辛□",第三个字较难辨认,有研究者认为是"追"。因为这是墓葬中发现的唯一一枚印章,文字又和女性有关,所以被推断为墓主的私人印章。

2019年时,有人提出了新的看法:印章上的"辛"和后面的第三个字实际上是一个字的两个部分,印文应该是"妾避"两个字。那么,马王堆汉墓一号墓的墓主人到底是叫"辛追"还是"避"呢？这就有待专家的进一步考证了。

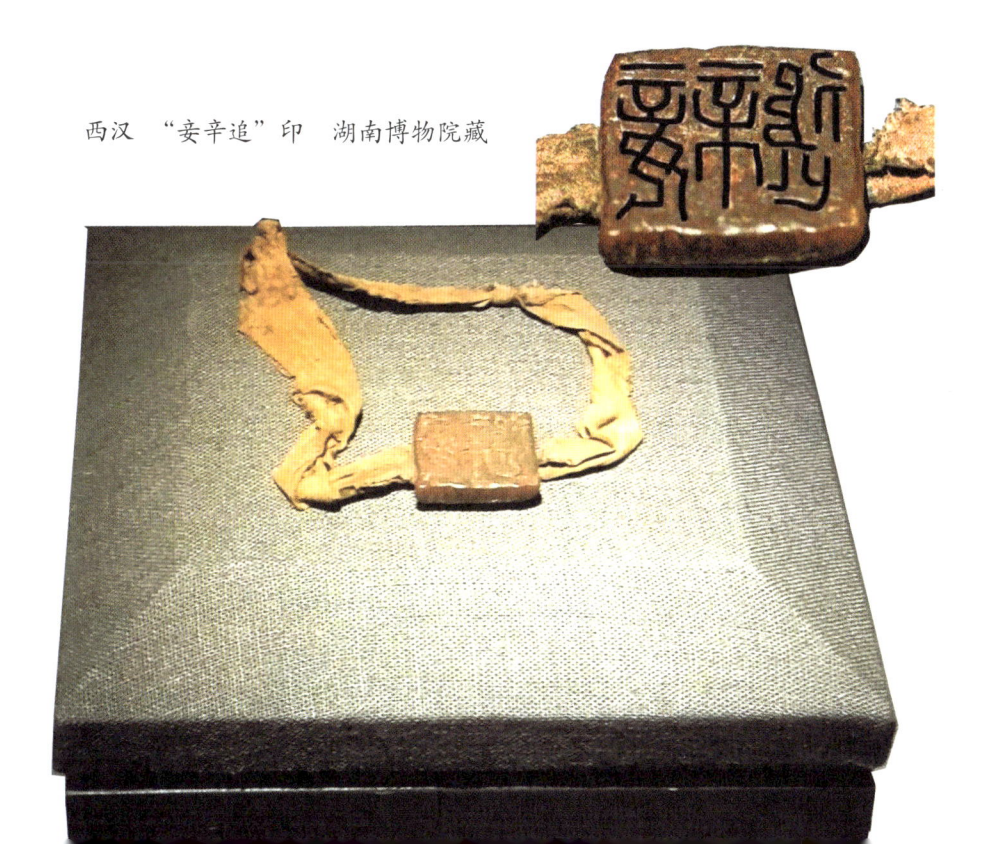

西汉 "妾辛追"印 湖南博物院藏

驾着飞龙去仙境——人物御龙帛画

幸存的珍宝

在湖南长沙东南郊一个叫子弹库的地方,埋藏着一座战国中期的楚国墓葬,距今已经有2000多年了。20世纪40年代,这座楚墓不幸被盗,其中的帛书辗转流落到海外,现在被收藏在美国华盛顿的赛克勒美术馆。这幅迄今为止发现的年代最早的帛书未能回归祖国,实在遗憾!但幸运的是,1973年湖南省博物馆的考古人员重新清理长沙子弹库1号墓时,在棺椁的夹层中又发现了另一件国宝级文物——人物御龙帛画。

这幅帛画的功能和我们前面介绍过的马王堆一号汉墓T形帛画是一样的，也起到了"招引灵魂"的作用。战国时期著名的诗人屈原曾在《招魂》中这样写道："魂兮归来！去君之恒干，何为四方些？舍君之乐处，而离彼不祥些！"大意是："魂啊，回来吧！为什么离开你的躯体四处乱跑呢？舍弃安乐的住处，万一路上遇上凶险多糟糕啊！"说明在2000多年前的楚地，已经有生者为死者招魂，希望其灵魂升天的习俗。学术界一般将这幅人物御龙帛画看作马王堆一号汉墓T形帛画的前身。

长沙子弹库1号墓发掘现场，考古人员面前的就是人物御龙帛画

战国　人物御龙帛画　湖南博物院藏

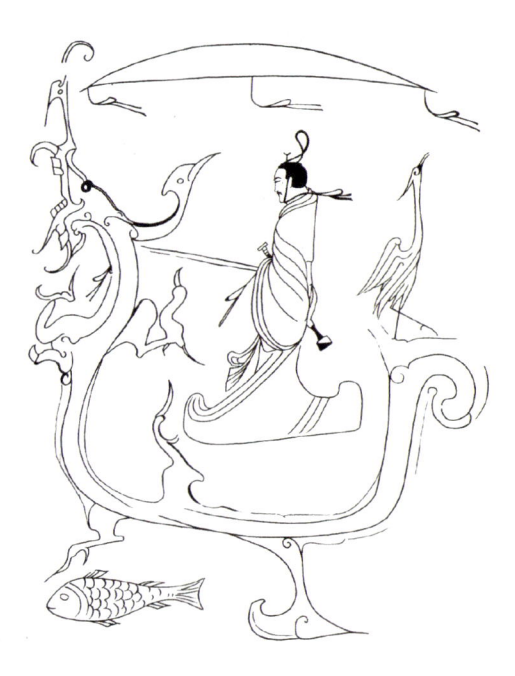

人物御龙帛画纹样

驾龙乘风去仙境

古时候，由于认知有限，古人普遍认为，死亡不过是开启了一趟成仙之旅而已。那么人能以什么样的方式去往天上的仙境呢？古人展开想象，借助龙、神鸟等神奇的生物来帮助逝者实现前去九天之上的梦想。神奇的动物成了重要的"交通工具"。

画面正中是一位衣袍宽大、头戴高冠、腰配长剑的男子。他留着一点儿胡须，侧着身子站立，身姿挺拔，手中笔直地拉着缰绳，缰绳的另一端紧紧拴着一条巨龙。巨龙昂首翘尾，龙身弯曲，仿佛是一条小船。龙尾上还立着一只凤鸟，凤鸟抻着长长的脖子,单腿站立,似乎正在向天鸣叫。仔细观察,在龙的下方,还有一尾正在游动的鱼,和巨龙一同前进,像是在给巨龙引路。特别值得注意的细节是,男子上方有一顶伞形的顶盖,顶盖下有三根飘带,连同男子脑后的冠带都朝后飘飞,可见巨龙载着男子正在迎风疾驰,颇具动感。

人物御龙帛画的人物形象刻画生动传神,面部线条精微而细腻,须眉毕现;服饰线条则流畅舒展,恰到好处地表现了长袍的质感和飘逸的状态。它是中国早期肖像画的杰出代表。

人物御龙帛画的"双胞胎"
——人物龙凤帛画

古董商与文物专家

人物龙凤帛画，光听名字大家是不是联想到了人物御龙帛画。没错，这两幅帛画还真有很多相似之处。从创作时间上看，它们都是战国中期的作品；从出土地来看，它们都出土于湖南长沙，目前被收藏在湖南博物院；从内容上看，两幅帛画上都绘有人物形象和神兽形象，风格也很相似；从功能上看，两幅帛画都承载了古人的愿望。它们是现在所能看到的最早的中国人物画，被人们誉为"先秦绘画艺术的双璧"。

战国　人物龙凤帛画
湖南博物院藏

　　人物龙凤帛画是如何被收藏进湖南博物院的呢？这就不得不提到一位名叫蔡季襄(xiāng)的湖南古董商，他自幼饱读诗书，国学基础深厚，在收藏领域也很知名。1949年，盗墓者从长沙南郊的陈家大山楚墓中偷盗了一幅帛画，这幅画后来辗转流落到蔡季襄手中。1952年，蔡季襄打算把一批文物运到上海出售，被公安机关发现，文物也被扣留。那时候，新中国各行各业都缺乏人才，在了解到他精通文物鉴定和修复后，公安机关就建议他加入湖南省文物管理委员会工作。

　　在工作期间，蔡季襄毅然决定把自己收藏的文物全部捐给国家，其中就包括这幅人物龙凤帛画。在后来的

职业生涯中，蔡季襄先后成功修复了四羊方尊，复制了战国毛笔、战国大伞等，还临摹了人物龙凤帛画。当文物原件需要存放于库房中时，这些复制品就成为展览时的理想替代品。后来，蔡季襄被调入新成立的湖南省博物馆工作。就这样，古董商"华丽变身"成为文物专家。

把帛画"洗"干净

其实，人物龙凤帛画刚到博物馆时并不像现在这样清晰，它线条模糊，许多地方都好像蒙了层灰，无法看清。为了能将画面清晰地展现出来，就需要对它进行清洗。

文物的清洗是个精细活儿，任何环节都不能马虎。文物修复专家们要根据文物本身的物理化学性质选择合适的清洗方式。比如石器的清洗相对简单，因为它是天然物质，性状十分稳定，所以大部分可以直接水洗。而像帛画这样的丝织品，因为原料蚕丝富含蛋白质，暴露在空气中非常容易氧化，十分脆弱。所以它的清洗方法是在丝织品上下两面垫上宣纸，再用浓度为75%的乙醇溶液慢慢浸泡。等宣纸慢慢地吸附了丝织品上的灰尘，再换上新纸，如此反复直至清理干净。

20世纪70年代末，湖南省博物馆的工作人员专程将帛画送到了北京故宫博物院请专家清洗。最终，一幅清晰、完整的人物龙凤帛画才出现在人们眼前。

曾被误读的帛画

人物龙凤帛画线条清晰流畅，画面正下方偏右的位置，一个梳着发髻的妇人侧身而立，神态庄重，双手合掌。她的腰身十分纤细，衣袖宽松，长裙曳地，袍服上装饰着花纹。她的正上方是一只昂首向上飞跃的凤鸟，双翅和尾部的花纹极富美感，凤的左侧有一条扶摇升腾的龙，龙身上有黑白相间的花纹。画面省略了背景，只着力表现这三个形象，重点突出，动静结合，对比和谐。

《墨子》中记载了一个"楚王好细腰"的故事，说春秋时期的楚灵王喜欢人腰身纤细，所以大臣们都节食束腰来迎合大王的喜好。人物龙凤帛画虽然是战国中期的作品，但仍能体现出楚地"好细腰"的风俗。

人物龙凤帛画纹样

凤凰是一种祥瑞之鸟，相传只有在太平盛世才会出现。楚人把凤凰当作图腾，因此凤凰的形象在楚文化中比比皆是，据推测，这可能跟楚人的祖先祝融氏有关。传说中，祝融是"南方之神"，死后会化为凤鸟。有专家认为，这就是传说中的风神飞廉。在楚文化中，凤鸟一是祖先的象征，二是沟通天地的使者。所以楚人在帛画中寄托了希望逝者的灵魂能够在凤凰的引领下升天的愿望。

不过呀，人物龙凤帛画的含义曾经在很长一段时期内都被误读了。20世纪50年代，还未被清洗干净的帛画上的龙只能看清一只脚，郭沫若推测这个动物是古代神话中只有一足的夔（kuí），是象征死亡的恶兽，而凤在古代神话中象征生命。画中凤鸟表现出战胜者的神态，夔则在绝望地挣扎，这表示善战胜了恶、生命战胜了死亡，而双手合十的女子正在祷祝着生命的胜利。一直到20世纪70年代末，学术界均采用郭沫若的解读。直到帛画经过清洗修复后，湖南省博物馆研究员熊传薪重新对帛画进行了研究，认为全图描绘的是飞腾的神龙、神凤引导墓主人灵魂升天的场面，这一说法得到了广泛的认可。

薄如烟雾的衣服
——素纱禅衣

如瀑布，如烟雾

马王堆汉墓真是一座宝库，从里面出土的大量珍贵文物令人们惊叹不已。在一号墓辛追夫人的内棺旁边，摆放着许多"边箱"，也就是装有陪葬品的箱子，里边盛着不少辛追夫人的随葬衣物，包括锦袍、单衣、裙子、袜子。其中有一件特殊的衣服，面料为素纱，纱线非常细，整件衣服没有颜色，没有衬里，呈半透明，极其轻薄。根据出土<u>遣策</u>记载，这件衣服叫作素纱禅（dān）衣。

什么是禅衣呢？东汉许慎编著的《说文解字》是这样解释的："禅，衣不重。"这是说禅衣分量轻。西汉戴圣编著的《礼记·玉藻》记载"禅为

> 古人记录随葬物品的清单。

编织美丽新世界　143

绚(jiǒng)"，东汉郑玄对这句话进一步加以注解："有衣裳而无里。"这就很好理解了，禅衣就是没有衬里的衣服。

唐代大诗人白居易曾以缭绫(liáo líng)为题材写过一首诗："应似天台山上明月前，四十五尺瀑布泉。中有文章又奇绝，地铺白烟花簇雪。"这几句诗用来形容素纱禅衣也很贴切：它晶莹剔透，像从天边倾泻下来的瀑布；它轻盈缥缈，似人间的烟雾。

> 一种精致的丝织品。

素纱禅衣的式样很简单：交领，右衽，直裾。解释一下就是衣领相交，左边的衣襟压在右边的衣襟上，衣服的下摆部分是垂直的。整件衣服干净素洁，只在领口和袖口装饰了几何纹绒圈锦。

但正是这么一件式样简单的衣服，却是西汉纺织技术的巅峰之作，真正做到了"轻若烟雾，举之若无"，是真正的"高大上"产品。为什么这么说呢？接下来我们就一起从这件衣服的制作工艺入手来了解一下吧。

西汉　素纱禅衣
湖南博物院藏

"难"以复制的衣服

相信大家一眼看上去就能发现这件衣服的第一个特点,没错,就是薄。你能想象它有多薄吗?打个比方,把这件衣服折叠成10层平铺在书本上,你仍然可以隔着它看清书页上的文字。根据考古人员在工作日志中的描述,这件衣服完全折叠后甚至可以放进火柴盒里。

这件衣服的第二个特点是轻。素纱禅衣衣长128厘米,通袖长190厘米,共用料约2.6平方米,但是总重量只有49克,而一枚鸡蛋大概重60克。如果去掉袖口、领口上的绒圈锦,素纱部分只有25克重。25克是什么概念呢?我们生活中常见的550毫升的空塑料瓶大约重18克。想一想,是不是令人惊叹?

这件衣服的第三个特点是细。这个说的是用作原料的蚕丝。为了更好地保护这件轻薄易损的文物,工作人员决定用复制品在博物馆里展出。然而,在制作复制品时,研究人员却遇到一个大难题:怎么也达不到那么轻的分量。

这是怎么回事呢,原料不都是蚕丝吗？对了,问题还就出现在蚕丝上。素纱禅衣的蚕丝纤度为10.2~11.3旦,可是现代蚕宝宝长胖了,吐出的丝最细也有14旦。只有让蚕宝宝瘦下来,它们才能吐出更细的蚕丝。可是2000多年的进化哪有那么容易扭转？南京云锦研究所受湖南博物院的委托,整整花了13年时间才好不容易培养出一批苗条的"退化"蚕。但是,复制出的禅衣重量仍比原

旧时纤度单位旦尼尔的简称,旦数越小纤维越细。

2000多年过去了,我们进化得更强壮了！

件重了那么一点点。专家们并没有气馁,他们继续进行蚕种攻关。功夫不负有心人,2019年湖南博物院正式宣布,素纱䙱衣采用最原始的方法复制成功!从1972年文物出土到2019年复制完成,专家们付出了整整47年的努力,让我们有幸在博物馆里看到跨越千年的文明之光。

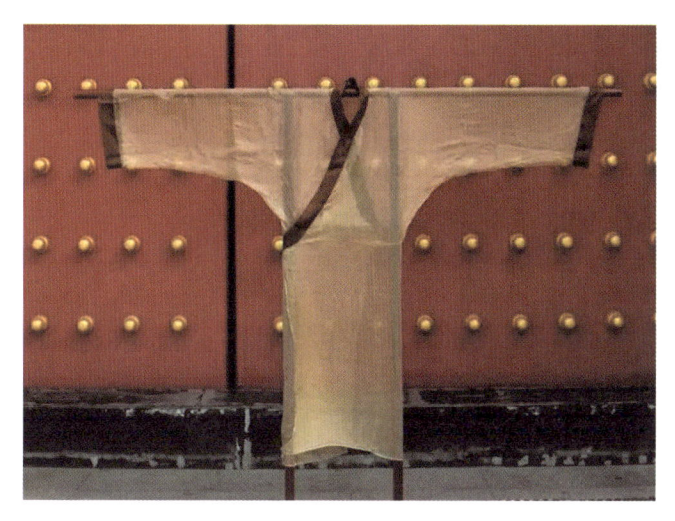

南京云锦研究所仿制的素纱䙱衣

你知道吗?

素纱䙱衣怎么穿?

如此薄、轻、细的一件国宝,珍贵异常,但也会让人产生这样一个疑问:这件衣服既不能御寒又不能遮羞,那它到底是怎么穿的呢?关于这个问题,学界主要存在三种观点:

第一种观点认为它是件"外套"。按照史书的记载,这件衣服应该是套在颜色艳丽的锦袍外面的,华丽的花纹上遮着一层轻薄的纱,若隐若现,别有一番朦胧之美。

第二种观点认为它是单穿在内的贴身衣物,也就是睡衣。联想到现代人穿的真丝睡衣,柔软轻便,嘿,还真有几分相似呢。

第三种观点认为它是"婚服",就是女子出嫁时穿的衣服。在《仪礼》一书中就记载了新娘在婚礼上穿着的罩衫的样子。这件衣服的领口和袖口都有红色的锦边,正好符合婚服的形制。

关于素纱禅衣的穿法,至今还没有定论,希望未来的某一天,这个谜团能被解开。

锦幡中的老祖宗
——红地云珠日天锦

草原上的王国

从卫星地图上看,中国的西北部,一片荒漠、戈壁中有着一片片农田、一排排房屋,这里就是青海省的都兰地区,在历史上曾是吐谷(yù)浑王国和吐蕃(bō)王国的所在地。

吐谷浑是中国历史上存在时间最长的少数民族政权。西晋末期,北方鲜卑族的一支迁徙到西北地区,建立了吐谷浑王国。到了南北朝时期,吐谷浑的疆域空前辽阔,它所控制的青海地区成了中西交通的中心之一,联系着中原与漠北、西域、西藏高原、印度等地的往来。

后来,统一了西藏地区的吐蕃政权向北扩张,吐谷浑人被迫

编织美丽新世界 149

离开故土,渐渐地与其他各族人民融合在一起。

青海都兰县吐蕃墓群分布于柴达木盆地东南部,已发现的墓葬总数超过了2000座,其中位于都兰县热水乡境内的热水墓群是墓葬最为集中的地区。1982年至1985年,青海省文物考古研究所(今青海省文物考古研究院)曾在都兰县热水乡的血渭草场发掘出了一处唐代吐蕃墓群,出土了大量的丝绸文物,其中就包括我们接下来要介绍的这件。

热水墓群

锦幡中的"祖宗辈儿"

这件文物的名字叫作红地云珠日天锦,是我国现存最早的锦幡残片。这个名字似乎有点儿难理解,我们先一个词一个词地来解释:"红地"说的是整件织锦以红色为底色,"云珠"说的是云珠串成圆圈以兽纹或花纹图案环环相扣,"日天"则指这件文物图案中的主角是太阳神日天。整幅图案由三个圆圈连接而成,正中间是太阳神圈,另两个圆圈内表现的则是狩猎和战斗的场面。

太阳神圈中描绘了六匹马拉车的场景。画面中的马并不是普通的马，而是带有翅膀的神马，马车上一个人盘腿坐于莲花宝座上，头戴菩萨宝冠，背后还闪着一圈连珠状的光圈，显示出他的神性。研究者推测，这个人就是传说中的太阳神日天，又叫日神、日天子。在佛教经典中，日天是观世音菩萨的化身，这也是他头戴菩萨宝冠的原因。传说他生活的地方是纯金打造的日宫，能发出金灿灿的光芒。

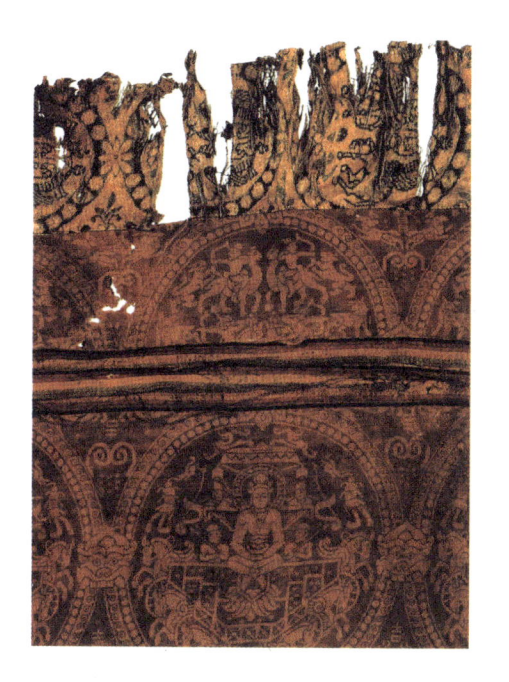

北朝　红地云珠日天锦
青海省文物考古研究院藏

红地云珠日天锦·日天

狩猎圈中描绘了四组狩猎和打斗的场面。画面最上方是两组狩猎的场景：有人骑着骆驼，用弯弓指向老虎；有人骑着马，用弯弓指向鹿，蓄势待发，希望一箭射中。中间部分的花纹破损严重，研究者们推测画面中展现的是人和狮子激烈搏斗的场面，勇士们个个勇猛，毫不畏惧。最下方的一组画面中有两个手持盾牌和短剑的武士，气势汹汹，正在激烈对战。

红地云珠日天锦·狩猎

如果仔细观察，你会发现织锦上隐约可见"吉""昌"等文字。这些文字到底表达了什么意思呢？目前还不能确定。

图案上的人物服饰带有浓浓的西域特征，而在艺术之美外，它还兼具历史价值。红地云珠日天锦为青海丝绸之路的存在提供了直接证据，也为我们研究边疆少数民族与中央王朝之间的关系以及东西方之间的文化交流提供了宝贵的资料。

了不起的工艺

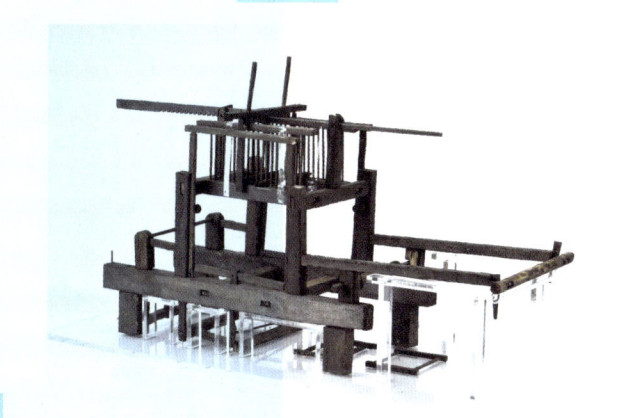

贵比黄金的丝织品

在古代，中国被称为"丝国"，从这个名字就能知道，中国的丝绸有多出名。而且，因为丝织品不容易保存，所以留下来的实物就格外珍贵。绫、绸、缎、绡(xiāo)、绨(tì)、绢、纱，这些字都是绞丝旁，从字形上就能看出它们都和丝有关。不过，有一种特殊的丝织品，不是绞丝旁而是金字旁，你猜出它是什么了吗？

对了，它就是锦。有人说，锦和黄金一样贵重。

宋代的文学家苏轼曾在《江城子·密州出猎》中提到过锦："老夫聊发少年狂，左牵黄，右擎（qíng）苍，锦帽貂裘，千骑卷平冈。""锦帽貂裘"形容的是作者当时的装束——带着锦帽，穿着貂裘。锦是具有彩色花纹的丝织品，精美又华丽，"锦帽貂裘"，想想看，多么雍容华贵啊！

锦是什么时候出现的呢？别急，我们先来看看丝织品是什么时候出现的。2017年和2019年，中国丝绸博物馆科研团队在河南荥阳汪沟遗址的4个瓮棺中发现了丝织品的残存。据检测，它们是约5500年前的丝织品，是目前发现的最早的丝绸。也就是说，在5500年前，我们的先民就已经具备了成熟的丝织技术。

我是5500年前的丝织品！

汪沟遗址出土的碳化丝织品及放大后显示出的纹络

再说到锦,据《尚书》《诗经》《周礼》《仪礼》等典籍记载,我国商周时期生产的丝织品中,就已经有了锦。织锦可不简单,对织造技术的要求极高,所以锦自诞生起就是一种"高大上"的存在。春秋战国时期,"束锦"——也就是五匹锦,成了一种贵重的礼物。而且"锦""绣"二字常常连用,指代最美丽的织物,后来引申为"美丽"或"美好"的象征。

汉代时,政府设置了专门的织室、锦署来负责锦的织造。最晚到汉武帝时期,中国的织锦就通过丝绸之路传到波斯(今伊朗)、大秦(古罗马帝国)等地。汉式织锦是西汉至魏晋时期中国丝织工艺中最高水平的代表。下面,我们以国宝——"五星出东方利中国"锦护臂为例来介绍一下汉式织锦的织造工艺。

"五星出东方利中国"锦护臂每平方厘米经线220根,纬线48根,是织物中最精致的一种。如果说锦是丝织品中的黄金,那么"五星出东方利中国"锦护臂算得上是黄金中的黄金。2018年,中国丝绸博物馆的专家按照汉代工艺仿制出了"五星出东方利中国"锦,而汉锦的成功织造得益于汉式织机的发现。

2012年,成都地铁建设的过程中,人们发现了一座古墓——老官山汉墓,从这里出土的四台汉式织机模型让专家们知晓了古老织机的结构。织机实物巨大,结构看起来很繁杂,但是这些织机就像原始的计算机,只要输入编好的纺织"程序",纺织者就能够很轻松地制造出美丽的织锦来。

西汉　成都老官山提花织机模型
成都博物馆藏

由考古工作者复原的西汉提花织机

错综复杂，丝丝入扣，这是汉式织锦的织造方法。织锦的过程包含四个步骤：第一步是手移一格织机上方的横杆以选择综片；第二步是踩下踏板，提起综片；第三步是抛梭引纬；第四步是双手推杆把纬线打紧。这样的四个步骤反复进行，让10470根经线穿过84花综和2片地综，"五星出东方利中国"锦终于仿制完成。

在我国，不同地域、不同民族有着不同的织锦，比如南京的云锦、苏州的宋锦、四川的蜀锦、广西的壮锦、湖南的土家锦、贵州的苗锦、云南的傣锦、海南的黎锦等，风格各不相同。其中，云锦、壮锦、宋锦、蜀锦被称为四大名锦。这当中以蜀锦历史最为悠久，春秋战国时就已兴起，被尊为"百锦之母"。三国时期的诸葛亮曾说"决敌之资，唯仰锦耳"，意思是与敌人战斗所需要的物资就全仰仗蜀锦了。可见蜀锦在当时社会和经济生活中的重要性。

云锦色彩绚丽，美如天上的云霞。它的织造工艺极为复杂，用老式提花机织造需要两人相互配合，一天只能织出五六厘米，所以有"寸锦寸金"之说。2009年，云锦成功入选联合国教科文组织《人类非物质文化遗产代表作名录》。

大地的经纬勾勒出了广袤(mào)河山，丝线的经纬绘制出了人间百态。在这经与纬的交叠上，丝帛传遍东方和西方，跨越古代和现代，是中国带给世界的珍贵文化遗产。

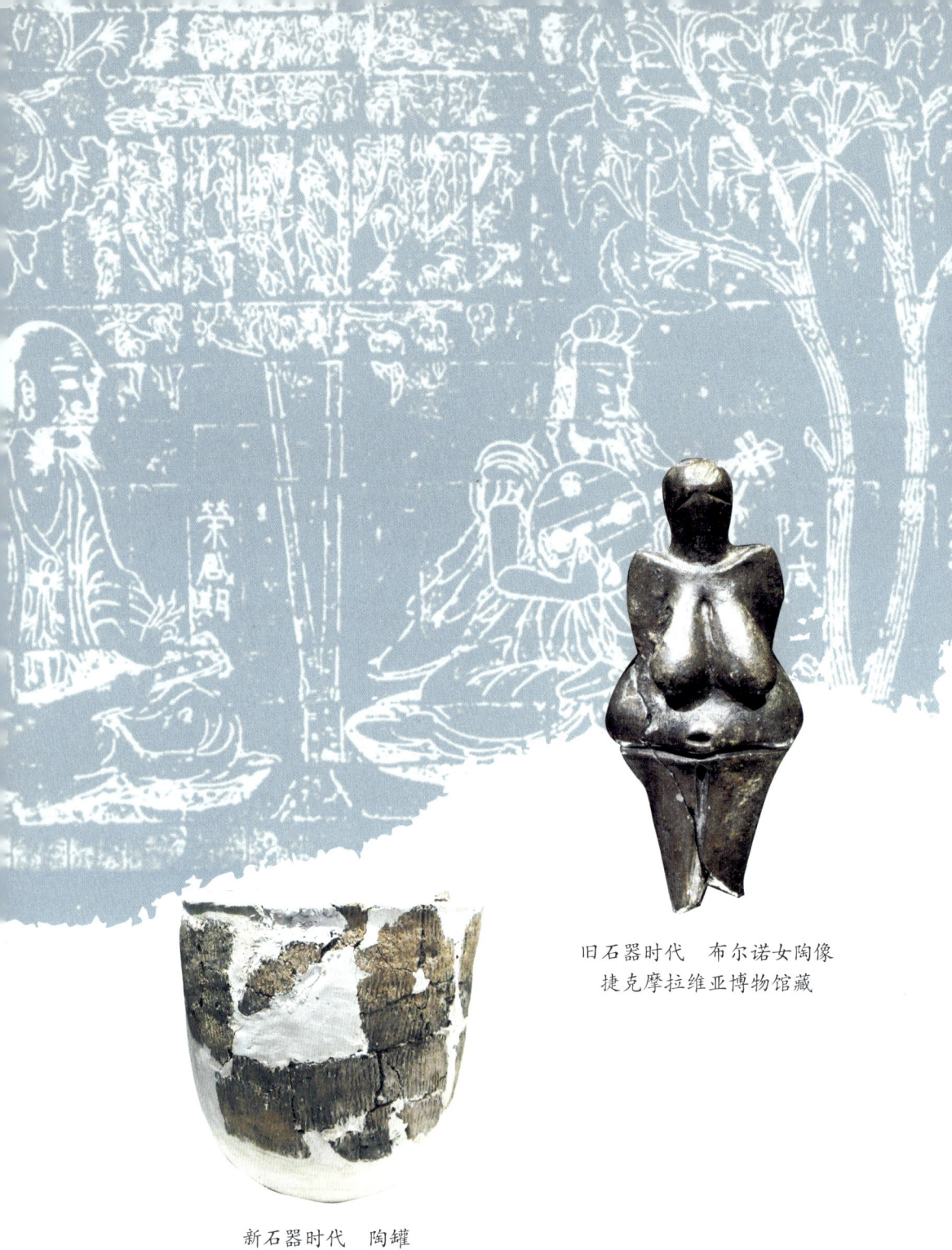

旧石器时代 布尔诺女陶像
捷克摩拉维亚博物馆藏

新石器时代 陶罐
中国国家博物馆藏

第四章
土与火的碰撞

陶器是土与火的结晶。远古时期的人们,偶然发现泥土被火烧过后会变得坚硬,于是就用经过处理的泥土烧制成各种器物,用来当作日用品或装饰物。全世界已知最早的陶制品是捷克布尔诺出土的一件约3万年前的女性陶像,它是用掺了猛犸骨粉的黄土制作而成的。

而最古老的陶制容器则出现在中国,考古学家在江西万年一个叫仙人洞的地方发现了一些距今1万年左右的陶罐的碎片。

随着制陶技术的不断提升,先民制造出了色彩丰富的彩陶、薄如蛋壳的蛋壳陶、坚硬美观的釉(yòu)陶。到了汉晋时期,人们发现用瓷土(高岭土)为原料,可以制造出更高品质的器物。瓷器诞生了,它作为最典型的"中国制造"畅销全球,以至于"瓷器(china)"成了中国的代名词。在首批禁止出国(境)的国宝中,有不少是陶瓷器。下面,让我们一起来了解它们的故事吧!

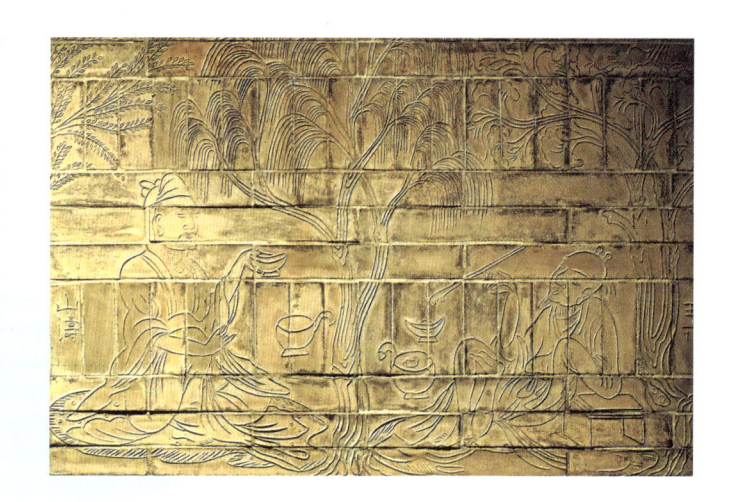

巨幅砖块拼图——竹林七贤与荣启期砖画

六朝古都的大发现

1957年,南京博物院的工作人员在江苏南京中华门外西善桥镇东南方向的一个大土墩上采集到不少精美的文物,这引起了考古专家们的注意。

1960年2月,江苏省文物工作队便在这里展开了发掘工作。4月的一天,考古工地上的一名民工报告说,有人在附近一个建筑工地发现了一座砖砌的古墓。考虑到南京是我国著名的六朝古都,历史悠久,古迹丰富,考古队长毫不犹豫,马上派人前去了解情况。没想到这一看,竟然有了一个意想不到的大发现。

这座古墓长8.95米,高3.3米,墓门已经倒塌,墓顶也出现了一个大洞。但是从现场情况看,这座墓没有被盗的痕迹,保存相对完整。墓中有两位墓主人和60多件随葬品,其中不乏玉器、瓷器、陶器等,从这些精美的文物不难推断出,墓主人有较高的社会地位。不过,这座墓最引人注意的不是各式各样的随葬品,而是墓室中南北墙壁上的两幅长2.4米、高0.8米的巨型砖印模画。

南朝　竹林七贤与荣启期砖画　南京博物院藏

你知道吗?

秦汉时期,人们喜欢在墓葬中绘制壁画,内容或是表现墓主人生前出行、游猎、宴饮的生活场面,或是表现墓主人死后到达"天上世界"的场景。这些壁画一般是使用矿物颜料绘制在墓室墙壁上,或者绘制、雕刻在石头上、墓砖上,成为画像石、画像砖。

也有少量墓葬中使用了砖印模画,砖印模画的制作过程与一般墓室壁画有很大不同,通常工匠要先在纸或绢上绘出画稿,然后按照画稿分段刻出木模,再把木模上的图案印制到还没干透的泥坯上,泥坯烧制成砖后,再按照画稿一块块拼成壁画,就像拼拼图一样。

特立独行的竹林七贤

这两幅砖印模画,每幅都由300多块砖组合拼接而成。画面上一共有八人,彼此之间以银杏、松树、槐树、垂柳等树木相隔。他们席地而坐,有的在弹琴,有的在唱歌,有的在倾听,有的在喝酒,神态各异,形象鲜明。每个人身旁都刻有姓名,墓室南壁上的人物是嵇(jī)康、阮籍、山涛、王戎,北壁上的人物是向秀、刘伶、阮咸、荣启期。

除了荣启期,其他人正是我国历史上大名鼎鼎的"竹林七

荣启期　　　　　　阮咸　　　　　　刘伶　　　　　　向秀

竹林七贤与荣启期砖画拓片

贤",这七个人都生活在魏晋时期,是当时社会上公认的名士,因常相约游于竹林而得名。他们不拘礼法,清静无为,经常在一起饮酒高歌,聚会闲谈,非常洒脱。这种率真不羁的行为风格被称为"魏晋风度",被当时及后世的很多文人所推崇。

嵇康　　　　阮籍　　　　山涛　　　　王戎

土与火的碰撞　163

史料中记载,竹林七贤常常相约在嵇康居住的山阳(今河南省焦作市修武县一带)的竹林中喝酒聊天,畅谈人生,评论时事。他们个个多才多艺,除了有备受后人称道的文学作品流传于世外,还精通音乐,比如嵇康、阮籍分别谱写过著名的《广陵散》《酒狂》等古琴曲,阮咸精通琵琶演奏,传说就是他发明了我国传统乐器——阮。除此之外,竹林七贤都酷爱喝酒,其中刘伶更是被称为"酒鬼"。我们都知道喝太多酒对身体不好,是不值得提倡的行为。但是,在这几个人生活的时代,社会动荡不安,政治十分黑暗,不少文人名士往往用喝酒来麻醉自己,以表达他们不与世俗同流合污的态度。

竹林七贤性格迥异

竹林七贤有很多故事流传至今。嵇康是个多才多艺的美男子,口才好、会写诗,还是音乐家和养生专家。他写出的文章《养生论》以及谱出的琴曲《广陵散》《风入松》都是传颂一时的佳作。

嵇康早年还在曹魏政权统治时当过官,但后来司马昭掌握了政权,嵇康不喜欢,就弃官躲到山阳,以打铁为生,没事的时候和阮籍等六人喝酒吟诗、畅谈玄学,过得潇洒脱俗。他是一个十分有个性的人,有一次好友山涛(字巨源)劝他为朝廷效力,嵇康立刻就翻了脸,还写了那篇著名的《与山巨源绝交书》送给对方。他鄙视当时的朝廷和权贵,多次拒绝司马昭的征召,就连大将军钟会来拜访,他也很不给面子。嵇康的这些行为引起了很多朝廷官员的不满,后来他遭人陷害被捕。三千太学生向朝廷请愿,要求赦免嵇康,但遭到朝廷的拒绝。嵇康神色如常,弹奏一曲《广陵散》后走向刑场,而这首琴曲也随着嵇康的离世成为千古绝响。

实际上,竹林七贤每个人的人生追求不尽相同,所以最终各奔东西。

嵇康、阮籍、刘伶都不愿意当官,还常常抨击朝廷,因而受到打压,而山涛、王戎则投靠朝廷当了官。其中性格变化最大的,要数年纪最小的王戎。据说王戎7岁时和小伙伴出门玩耍,发现路边有一棵李树,结满了红彤彤的果实,非常诱人。小伙伴们一哄而

上准备爬树采摘,只有王戎站在原地不动,说:"没什么好抢的,树上的李子一定是苦的。"大家不信,采下来一尝,李子果然苦涩无比。小伙伴惊讶地问王戎怎么知道李子是苦的,王戎说,这棵李树长在路旁,如果李子香甜,肯定早被摘完了。

这样一个自小便被称为神童的孩子,长大却变成了一个吝啬的人。《世说新语》里记录了9篇吝啬鬼的故事,其中有4篇都和王戎有关。其中有个故事叫"王戎钻李",说的是王戎当了大官,富甲一方。他家院子里种了不少李树,结的李子非常好吃,于是王戎就让人拿到市场上卖。可是小气的王戎担心别人用他家的李子核种树,就提前用工具把核钻破,这样核就不会发芽了。

跨越时空而来的荣启期

说完了竹林七贤,咱们再来说说荣启期。荣启期这个人生活在春秋时期,与竹林七贤并不属于同一时代。那他怎么和竹林七贤"同框"了呢?这是因为他们具有相近的意志品质,属于同一类人。

据说,有一次孔子带着学生去泰山游历,在山脚下遇到一位正在弹琴高歌的老人,虽然衣不蔽体,却怡然自乐。孔子很好奇,就上前拜见。老人说自己叫荣启期,他生而为人,比万物高贵,还活到了95岁,有什么可忧愁的呢?可见他是个心性旷达的人。后世的文人很推崇他,比如东晋诗人陶渊明就以"不赖固穷节,百世当谁传"的诗句称赞荣启期能在贫困中坚守气节。所以,为了让壁画更美观、对称,人们把荣启期与竹林七贤放在了一起。

南朝时期,受到政治环境的影响,很多文人士大夫都崇尚虚无,追求脱俗的气度,前代的竹林七贤就成了他们仰慕的对象。而南京市西善桥贵族墓葬中的"竹林七贤与荣启期砖画"是我国第一次在南朝墓葬中发现的巨型拼镶墓砖壁画。它不仅体量大,而且制作精美,模印线条简练传神,具有极高的艺术价值。

5000年前的女神
——红山文化女神头像

发现牛河梁

1983年国庆节刚过,辽宁省文物考古研究所(今辽宁省文物考古研究院)的几位专家来到了辽宁西部的凌源。他们此行的目的是要对一个叫牛河梁的古代遗址进行考古发掘,此前当地农民曾在这里挖出过不少精美的玉器和陶器。

在考古工作开始之前,专家们按惯例要对遗址附近的区域进行调查,以摸清附近还有没有其他遗迹或者更有价值的考古地点。于是,考古工作人员把牛河梁遗址附近的山岗列为调查重点。

20世纪80年代,我国缺乏先进的调查设备,考古人员只能徒步走遍周围的山山水水。同学们可不要小看这种调查,这可不是随便走走看看。在调查前,人们需要制订详细的工作计划,把准备调查的区域分成很多小单元,然后逐个排查,保证每个地方都不遗漏。

功夫不负有心人,一天中午,专家们调查到一处山梁时,决定歇歇脚,就在附近的冲沟里,一块形状奇特的泥块引起了大家的注意——泥块看上去像一个耳朵。专家们来了兴致,纷纷开始在附近寻找,居然在枯草和碎石之间发现了不少泥塑的人体残块,

有鼻子,有四肢,显然都是人工制作的。这个发现让专家们兴奋不已——大概两年前,人们在不远处的东山嘴遗址中也挖到过陶塑的人像残片,当时还引起了不小的轰动呢。相比之下,这次找到的泥塑人像要大得多,也许这将是一次重大发现。于是,专家们一致决定把考古重心转移到这处新发现的地点,并将其命名为"牛河梁遗址第一地点"。布置好考古探方,揭去表层泥土之后,一座由多个房间组成的半地穴式建筑呈现在人们眼前。

> 把发掘区划分为若干面积相等的正方格,以方格为单位,分工发掘。这些正方格就叫"探方"。

牛河梁遗址第一地点

你知道吗？

什么是半地穴式建筑

人们最初是用土和木料来建造房屋的，所以即使现代人早已开始使用钢筋混凝土修建高楼大厦，但依然会把建造房屋称为"土木工程"。

在史前时代，人们会根据自然环境的不同建造不同类型的房屋。比如在我国南方地区，为了防潮和防范野兽侵扰，人们会搭起木、竹支架，在支架上面搭建房屋，这种建筑被称为干栏式建筑；而在北方地区，人们通常直接在地面上搭建房子或者建造半地穴式建筑。后者顾名思义，是一种一半在地上一半在地下的建筑，人们先在地面上挖出有一定深度的坑，然后沿坑沿向上建起墙壁。这种建筑具有很好的保温性，冬暖夏凉。

女神与祭坛

人们在牛河梁遗址第一地点发现的半地穴式建筑是一座被烧毁的建筑，幸运的是，得益于半地穴式的特殊结构，建筑的地下部分幸存了下来。已被烧成炭的木柱、烧坏的陶器、破碎的泥塑人像和绘有几何图案的墙壁残块散落了一地。

土与火的碰撞

牛河梁女神庙遗址

这座建筑的面积很大,南北长度约18米,东西最宽的地方有9米,从上面俯视很像翻转的英文字母F。考古人员在这里找到了彩绘泥塑人像的头、肩、手、乳房残块,还有大块的泥塑鸟翅、鸟爪和熊嘴等。

泥塑人像中体形最小的跟真人差不多大,而最大的有真人的3倍那么大。让考古专家尤其兴奋的是,在主墓室西侧发现了一个保存基本完整的女性头像,与现代成年女性的头部大小差不多。头像用细腻的黄土塑成,胖圆脸高颧骨,脸上还涂上了红色的颜料。头像五官比例准确,表情生动,淡青色玉石做成的眼珠炯炯有神,让她充满灵气。经过分析检测,考古专家推断这尊泥塑头像大约制作于5000年前。在此之前,中国乃至世界范围内还从来没有发现过制作如此逼真的泥塑头像呢。

泥塑女性头像、泥塑动物残块以及陶制器物的集中发现,说明这个建筑绝不简单。专家们推断,这座建筑应该跟古人的祭祀活动有关,这件美丽的泥塑头像或许代表了一位女神,她所在的地方也就是"女神庙"了。在这座女神庙方圆2000米的范围内,考古专家发现了3圈用淡红色石桩围成的圆形祭坛,以及用石头搭建起来的方形墓葬——也称积石冢(zhǒng)。在积石冢内,考古专家们还挖出了大量精美的玉器。这种神庙、祭坛和坟冢组合的空间结构在国内外都非常少见,在当时是具有崇高地位的圣地。

最值得注意的是,这位"女神"是由先民模拟真人塑造的女祖像,而不

新石器时代　女神头像
辽宁省文物考古研究院藏

土与火的碰撞　173

是想象出来的"神"。中国著名考古学家苏秉琦先生说:"她是红山人的'女祖',也就是'中华民族的共祖'。"它是我国文明黎明时期艺术高峰的标志,对中华文明起源史、原始宗教思想史的研究具有极其重要的意义。

你知道吗?

红山文化

我们已经认识了红山文化女神头像,那么你知道什么是"红山文化"吗?原来,新石器时代,在中华大地上散布着许多人类族群,他们有各自的活动区域和文化特征。后世的人们将发现的文化遗存按照其所在地取名,红山文化就是其中之一,它因首次发现于内蒙古自治区赤峰市东北的红山而得名。红山文化起源于五六千年前,主要分布在今内蒙古中南部至辽宁西部地区。

新石器时代　玉龙
中国国家博物馆藏

红山文化是与中原仰韶文化同时期分布在西辽河流域的发达文明,并同中原仰韶文化相交融。红山文化的先民擅长手工制作,他们制作的陶器、玉器都十分精美。

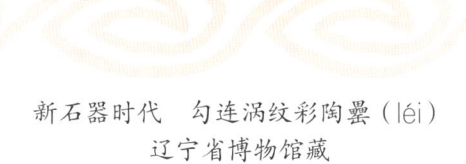

新石器时代　勾连涡纹彩陶罍（léi）
辽宁省博物馆藏

呆萌的国宝——鹰形陶鼎

意外现身的珍宝

1957年秋,家住陕西华县(今渭南市华州区)太平庄的农民殷思义正在自家田里翻地。忽然"当"的一声,他的锄头碰到了什么坚硬的东西。殷思义扒开泥土,发现了一块旧陶片,陶片旁边一个怪模怪样的东西吸引了他的注意。这是一件陶器,不过跟大家日常使用的盆盆罐罐不同,它很像一只鸟——尖尖的嘴巴,圆睁的大眼,粗壮的双脚,下垂的尾巴,身体圆滚滚的。用现在的话来说,有点儿萌,但也显得威风凛凛。殷思义没有在意,随手把这件精致又有趣的器物带回了家,当成了自家的鸡食盆。

第二年,附近的泉户村来了一群来考古的北京大学师生,在

人群中瞧热闹的殷思义见到考古队员们用小铲子、小竹签小心翼翼清理挖掘出的陶片的样子，忽然想起了自家院子里的鸡食盆。于是，他赶紧将这件陶器送到考古队，想让专家们帮忙看一下它到底是什么东西。

面对这件怪模怪样的陶器，考古队员们一下来了兴趣，决定先去看看陶鸟的发现地点。在殷思义的指引下，考古队员们很快在陶鸟的发现地附近清理出一座新石器时代的墓葬。经过骨骼鉴定，专家们确定墓主人是一位三四十岁的女性。除了已取出的鸟形陶器外，他们在墓葬中还发现了用来烹饪和盛装食物的陶灶、陶釜（fǔ）、陶钵（bō），用骨头制成的发簪（zān），以及磨制的石斧、

石铲等工具。专家们认真研究了那件鸟形陶器,认为这是经过艺术处理后的鹰的形象。鹰的两爪和尾巴形成稳定的三角结构支撑着器身,形态很像三足的鼎,于是专家们将这件陶器命名为鹰形陶鼎。再后来,鹰形陶鼎被送到了中国国家博物馆,成为来到国博必看的国宝。

新石器时代　鹰形陶鼎
中国国家博物馆藏

身份不凡的"鹰"

在新石器时代,人们已经习惯在陶器表面绘制各种各样的动物形象,比如收藏在中国国家博物馆的一件仰韶文化彩陶缸上就画有一只叼着鱼的白鹳(guàn),旁边还画有一柄石斧。有时候,人们也会直接将陶器制作成动物形状,比如在山东地区就发现过大汶口文化的狗形和猪形陶器。

鹰是广泛生活于北半球的一种猛禽，它凶猛威武、目光敏锐，被称为"天空的霸主"，因此先民常常将鹰当成崇拜对象。在古埃及，太阳神拉、法老的守护神荷鲁斯都是鹰首人身的形象。我国同样存在鹰崇拜。在东北地区的红山文化遗址，黄河流域的龙山文化遗址，长江流域的凌家滩文化遗址、石家河文化遗址都发现过鹰形玉雕。

学者们认为，它们并不是普通的装饰品，而是与原始宗教有关的法器。我们前面讲到，在牛河梁女神庙中发现了泥塑鸟翅、鸟爪碎片，专家们从锐利的趾尖和突出的关节判断，这种鸟类很可能就是鹰。这种鹰，从位于陕西神木的石峁（mǎo）遗址出土

新石器时代　鹳鱼石斧图彩绘陶缸
中国国家博物馆藏

新石器时代　猪形、狗形陶鬶（guī）
中国国家博物馆藏

土与火的碰撞　179

过，而在位于城市中心的祭祀区域中，也曾发掘出十多件巨大的陶鹰。专家们认为，这么大的陶鹰俨然已经不再具有实用性，很可能是古人用来祭祀的，并且当时很有可能被摆放在皇城台的最顶上。可见，从现有的考古证据来看，我国新石器时代的鹰形文物都有着不凡的身份，是古人用来祭祀的物品。

有趣的是，中国国家博物馆参考鹰形陶鼎的形象，制作出了又好玩又好吃的文创产品——雪糕，吸引了一大批游客打卡晒照。瞧，它萌萌的样子，是不是有点儿让人不忍下口呢？

可爱的"陶鹰鼎"雪糕

远道而来的『小鸭子』
——鸭形玻璃注

可爱的小鸭子

在首批禁止出国(境)展览的64件国宝中,唯一的玻璃器是一件造型生动别致的鸭形注。这只约20厘米长的小鸭子长着一张扁扁的嘴巴,纤长的脖子连接着圆滚滚的身体,肚子下面装饰着波浪形的双足,背上有一对灵巧的三角形翅膀,尾巴尖尖的,整体造型惟妙惟肖,生动可爱。小鸭子是用淡绿色半透明玻璃制成的,玻璃的光学效果让部分鸭身呈现出蓝紫色的虹彩,非常好看!

既然叫"注",那么它就不是一件装饰品,而是一种实用器物。在甲骨文里,象形文字"注"被描绘成液体从一个器皿注入另一

个器皿的样子。后来，人们就把具有注水或者注酒功能的器皿称为"注"或者"注子"。为了让小鸭子能够放稳，设计者在它圆圆的小肚子上还粘了一块扁平的圆饼形玻璃。有趣的是，当我们尝试顺着鸭嘴向器物中注水，小鸭子的重心会慢慢后移，尾巴下垂，鸭头翘起，变成向天鸣叫的样子。

十六国时期　鸭形玻璃注
辽宁省博物馆藏

墓主人的身份

1965年，这件鸭形玻璃注出土于辽宁北票。当时，辽宁省的文物部门正在将军山的台地上对三座十六国时期的石椁墓进行考

指的是公元304—439年，从西晋末期到北魏建立之前的这段时期，因中国北方的五个少数民族先后建立了十六个政权而得名。

古发掘。人们在其中一座没有被盗掘的墓葬中清理出470余件随葬品,其中不乏贵重的器物,比如精美的金银饰品、各式各样的鎏金器物,以及一些玻璃器。

在1500多年前的十六国时期,玻璃器并不多见,即使有,那也大多是"进口"来的,因此和金银、玉石一样贵重,是身份地位的象征。这件鸭形玻璃注的发现证明这座墓的主人身份相当不一般。那么他到底是谁呢?

在墓葬中,专家们发现了四枚印章:"范阳公章"金印一枚,"车骑大将军""大司马章""辽西公章"铜印各一枚,这成了解开墓主身份之谜的关键——这一时期,同时担任过这些官职、死后还葬在北票的人只有冯素弗。他是十六国时期北燕国君冯跋的弟弟,在北燕身居要职。不幸的是,这位冯大人三十几岁就病死了,和妻子一起合葬在距离北燕都城龙城(今辽宁省朝阳市北)不远的皇族陵园中。冯跋和冯素弗的感情很好,不仅下令将弟弟厚葬,还亲自到陵墓前凭吊了七次。

从罗马帝国远道而来

在从冯素弗墓葬中出土的众多文物里,包括鸭形注在内的五件玻璃器十分引人注目。经过科学检测,这五件器物的材质都是钠钙玻璃。要知道,在十六国时期,我国的工匠还没有办法生产出这样的玻璃制品呢,它们是遥远的欧洲地中海地区的产品。有人

根据玻璃成分、艺术风格、烧造技术等推断,这件鸭形玻璃注很可能是罗马帝国的产品。

这些诞生于罗马帝国的玻璃器究竟是怎样来到遥远的东方的呢?冯素弗又是怎么得到它们的呢?我们都知道,自从西汉张骞(qiān)出使西域之后,位于中亚、西亚的古国就与中国建立了紧密的联系,东西方的商人会经由塔里木盆地边缘的绿洲或者更北面的草原开展贸易往来。

在冯素弗生活的时代,北方草原上有一个强大的游牧民族——柔然。柔然人利用丝绸之路积极与周边国家展开贸易往来,获得了不少产自西亚、地中海一带的珍稀物品。随着国力的强盛,柔然建立了东起朝鲜半岛北部、西至巴尔喀什湖的庞大帝国。公元411年,柔然可汗以三千匹马作为聘礼向北燕求亲,希望能够迎娶冯跋的女儿乐浪公主。冯跋对这个请求犹豫不决,就向大臣们征求意见。冯素弗认为柔然是北方蛮夷,燕国公主不应该下嫁,如果要联姻,找个宗室的女子代替公主嫁过去就行了。冯跋考虑再三,觉得不能失信于人,而且这门亲事利大于弊,最终同意了柔然可汗的请求,把女儿嫁给了柔然可汗。后来柔然国内发生叛乱,可汗带着新婚妻子逃到了北燕。落魄的可汗当然会想尽办法搞好跟北燕贵族的关系,对于本来就反对这次联姻的冯素弗,可汗赠送给他一些来自异域的珍贵礼物也就不足为奇了。

古老的移动灶台——新石器时代河姆渡文化陶灶

先民的"小厨房"

俗话说"民以食为天",自从发现了火,人类意识到,把动植物烧熟后再吃会让食物口感更好。在距今79万年的以色列旧石器遗址中,考古工作者们发现了最早的火塘遗迹。当时的人类会在住所处简单挖个浅坑,或者捡些石块围起一小块区域作为火塘,既能防潮、取暖,也能烧煮食物。在我国,生活在距今70万年至20万年的北京人已经学会使用火来加工食物。

进入新石器时代,人类逐渐学会了制作陶器,学会了种庄稼,用陶器烹调食物变得更为常见。为了方便给陶器加热,古人先是用石块把陶器垫起来,后来觉得石块不稳当,于是聪明的先民又尝试用陶土制作出陶支脚。要知道,我国不同地区出土的陶支脚都各有特点呢,比如河北一带的,外形看上去像倒放的靴子;湖北一带的,像猪嘴巴;山东一带的则呈圆锥形。看来,先民也知道三角形最为稳定,所以他们的陶支脚都是三个一组。

新石器时代　剔刺纹鸟头形陶支座　邯郸市博物馆藏

新石器时代　猪嘴形夹砂灰陶支座　山东博物馆藏

烹饪的好帮手——陶灶

后来,在支脚的基础上,古人发明出了陶灶。说起灶,大家肯定不陌生,每家每户的厨房里不就有燃气灶吗?没错,陶灶就是先民用来生火煮饭的设备。陶灶体积不大,方便移动,比如平时放在室内,煮饭时可以搬到屋外,避免烟呛到人。不仅如此,陶灶的炉壁还有挡风和聚火的作用,真正做到了节能高效。

目前,我国已知的最古老的陶灶出土于江浙一带。2008年时,考古学家在江苏宿迁顺山集遗址中发现了8000年前的陶灶。陶灶式样简单,呈圆形或方形,下宽上窄,前面有灶门,两侧有内凹的把手,方便人搬动。

新石器时代　顺山集陶灶　南京博物院藏

在禁止出国(境)展览的文物中,也有一件新石器时代的陶灶,它是1977年从河姆渡遗址出土的。这件陶灶在形态上比顺山集陶灶成熟很多,很像一个大簸箕,底部较深,方便装填燃料,灶内侧有三个粗大的支钉,用来支撑盛装食物的陶釜。为了让陶灶放置得更稳,设计者还特意在陶灶下部设置了一个矮圈足。灶口的大小与一只中等大小的陶釜相当,一次烹饪出的食物能够供4~6人食用。专家们认为这件陶灶在功能上已经相当完备,还有专家认为它是专门为了在船上使用而设计的。

新石器时代　河姆渡文化陶灶
浙江省博物馆藏

陶灶内的支钉

相比于火塘,陶灶明显要好用得多。不过,陶灶不能单独使用,还要配合陶罐、陶釜才行,这么一比,就远不如自带支架的三足陶鼎方便,所以陶灶在我国史前时期并不常见。而那种固定在厨房里的锅台式灶,到秦汉时期才逐渐发展起来。

谷仓中的宴会
——元青花釉里红堆塑楼阁式人物谷仓

墓葬中的谷仓

我国古人有"事死如事生"的观念，认为人死后灵魂并没有消失，会去另外一个世界继续生活。所以，他们会准备许多陪葬品放入墓葬，希望自己或亲人去世后能够在另一个世界任意享用，衣食无忧。

达官贵人会随葬金银珠玉等贵重物品，平民则会尽己所能选择一些日用器物以及陶制的房屋、田地、车船、动物等随葬。由于墓穴里空间有限，所以随葬品往往会被按比例缩小，这些器物被称为明器。

我国自古重视农业生产，与农业紧密相关的田地、牲畜、粮食都是百姓生活中必不可少的东西。于是诞生了很多与农业生产有关的明器，比如陶制的风车、水井、猪圈、灶台模型，还有象征着丰收和富足的谷仓模型。

晋代之后，谷仓模型慢慢被复杂的谷仓罐（也称魂瓶、堆塑罐）替代。最常见的谷仓罐基本就是一个大型瓷罐或者瓷瓶，在器身或者器物口部装饰有亭台楼阁、飞禽走兽、神佛人物等造型。人们希望这些东西能够保佑生者家运兴隆。使用谷仓罐随葬的风俗一直延续到民国时期。

汉　灰陶井
河南博物院藏

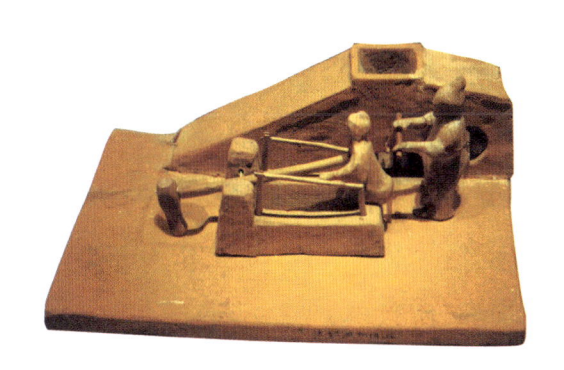

汉　陶米碓（duì）和陶风车
河南博物院藏

三国·吴　青釉堆塑谷仓罐
故宫博物院藏

土与火的碰撞

独一无二的屋顶

我们接下来要介绍的这件文物则是一种形态特殊的谷仓罐，也是迄今为止全世界唯一一件重檐庑（wǔ）殿顶谷仓模型。

> 庑殿顶是中国传统建筑屋顶之一，由四个倾斜的屋面、一条笔直的屋脊（正脊）和四条倾斜的屋脊（斜脊）组成。屋角和屋檐向上翘起，屋顶的各个面看起来有些弯曲。重檐的意思是指类似的屋顶有两层以上。

大家可不要小看这种屋顶。我国古代建筑样式丰富多彩，而且有着严格的等级规定，如果用了超出自己身份的建筑配置就是"僭（jiàn）越"，是不敬的行为，会遭受惩罚。

古代建筑的屋顶结构大致有平顶、尖顶、两面坡顶、歇山顶、庑殿顶等不同形式，其中庑殿顶规格最高，只有皇宫、官署和寺庙才能使用，其他建筑上是不能用的。不过，由于这件器物是随葬物品，并不是现实生活中能用得到的，所以采用这样的特殊设计也就无伤大雅了。

元　青花釉里红堆塑楼阁式人物谷仓
江西省博物馆藏

这件文物的名字实在太长了，很不好理解，所以咱们先划分一下层次——青花釉里红/堆塑/楼阁式/人物/谷仓。青花，是指用青花料描绘图案花纹，然后施一层透明釉烧制而成的装饰。釉里红是用铜作着色剂在坯体上描绘出各种纹样，然后施一层透明釉烧制而成的装饰，大多数与青花相结合，叫"青花釉里红"。青花釉里红的烧制难度极高，存世瓷器非常稀少，这件谷仓就是现存最早的釉里红瓷器。堆塑也称堆贴、塑贴、堆雕，是引出或者塑出立体纹饰贴在坯体上的一种装饰方法，在河姆渡文化的陶器上就已经出现了。

这件谷仓的外形是一座两层的楼阁式建筑，一道墙将这栋高高的建筑分为前、后楼，建筑底层四周有栏杆围绕，前楼

土与火的碰撞　193

和后楼都是正中开门。正门两侧悬挂着一副对联，上联写的是"禾黍(shǔ)丰而仓廪(lǐn)实"，下联是"子孙盛而福禄崇"，横批"南山宝象庄五谷之仓"，都是希望人丁兴旺、粮食满仓的吉祥话。屋顶的正脊上装饰着神兽、莲花、宝珠，十分威严。

谷仓不大，但内外一共有18个人物塑像。楼上是翩翩起舞的舞者，演奏着琵琶、箫、笛和拍板的女子乐队，还有往来穿梭的侍女，造型灵动。楼下则站立着几位戴幞(fú)头、穿长衫的侍卫和仆人，侍卫站姿笔挺、手握长棒，认真地站岗，仆人们则在等候主人吩咐。从这幅场景不难看出，主人家正在举办一场热闹的宴会。

那么这件精致的明器属于谁呢？根据谷仓两侧书写的"凌氏墓用""五谷仓所"和背面上多达159字的墓志铭，我们终于认识了这件器物的主人——一位去世于公元1338年的凌姓女子。

原来，凌氏是景德镇长芗(xiāng)书院的院长凌颖山的孙女，在书香门第长大的她知书达礼，温柔贤淑。后来，她嫁给了当时扬州路召伯大使刘文史的儿子刘炳文，夫妻两人恩爱非常。凌氏45岁的时候去世，葬于当地南山。

刘家与凌家都是名门望族，他们召集景德镇的能工巧匠，为去世的亲人精心烧造出一批明器，这件谷仓就是其中之一。可见，这件文物不仅是罕见的带有纪年信息的青花釉里红瓷器精品，还是元代瓷器雕塑水平的杰出代表，更是研究地方历史、民俗文化的宝贵资料。

了不起的工艺

陶器、瓷器、玻璃器都是怎么制成的？

在日常生活中，人们往往会将"陶""瓷"并称，其实，这两者之间有着很大的区别。

首先，它们的制作原料不同。陶器是用经过淘洗炼制的陶土制作的，而瓷器是用可塑性强、耐高温的高岭土制作的。其次，两种器物的烧制温度不同。陶器的烧成温度一般为800~1000℃，而烧制瓷器需要1200℃以上的高温。最后，施釉情况也是不同的，瓷器一般都会上釉，但陶器不一定要上釉。

将某些矿物质磨成粉末加水调和，涂在陶瓷半成品的表面，烧制后使瓷器表面光滑又有光泽，并能使器物更加坚固。

土与火的碰撞　195

我国的制陶历史源远流长。远古时期，人们偶然发现被火烧过的泥土变得更加坚硬，就摸索着做出了最初的陶器。后来，人们不满足于只能用手捏制小型陶器，便开始尝试把一块块预制的泥片拼接起来或者用一根根泥条盘筑成器物的大致形状，再通过拍打、切削等方式进一步加工，制作出大一些的陶器。但是，人们逐渐意识到这样制作出的陶器形状不规整，还很笨重，陶器表面还会残留泥片或者泥条的接缝。

大约8000年前，慢轮制陶技术在我国出现。工匠们把手制成型的陶器放在转盘上，一只手转动转盘，另一只手拿工具碰触陶器表面，利用旋转力修整器物外形。慢轮制陶法是制陶技术上的一次革命，它让陶器外形更加规整，器壁变得更薄。用这种方式制作的陶器表面会留下一圈圈的平行线，很有辨识度。

在浙江杭州的跨湖桥遗址出土了一个木质陶轮底座,它的样子像个梯形圆台,台面中心有一个凸起,它就是陶轮转盘用的轴,转盘通过圆台上的轴来支撑旋转。它是迄今发现最早的轴承。

新石器时代　木质陶轮底座
跨湖桥遗址博物馆藏

新石器时代　薄胎黑陶高柄杯
中国国家博物馆藏

6500年前,快轮制陶技术诞生。工匠们直接将陶泥放在快速旋转的轮盘上,然后用手指提拉陶泥,将其拉制成陶坯。用快轮制作的陶器,形态规整,器壁很薄且厚度均匀。在4500年前,山东地区的龙山文化先民已经能熟练使用这种方法制作出平均厚度不到1毫米、薄如蛋壳的陶器,这代表了我国新石器时代陶器制作的最高水平。

快轮制陶时,要用手拉动快速旋转着的陶泥,这样会在陶器内壁留下螺旋状的拉坯痕迹。如果你细心寻找,或许还会在文物上发现古人的手指印呢。由于快轮制陶技术效率高,可以批量生

土与火的碰撞

两河指幼发拉底河与底格里斯河。两河流域靠近水源、灌溉便利、气候温和，创造了世界最早的文明之一——美索不达米亚文明（又称两河文明）。

产陶器，所以一直沿用至今。

  土与火可以造就陶瓷，也同样能够制出玻璃。在自然界中，存在着由岩浆作用形成的黑曜（yào）石玻璃或者玄武岩玻璃。不过这些天然玻璃数量少、体积小，用处不大。大约在5000年前，西亚两河流域的居民意外发现将石英、草木灰和其他矿物混合后能烧制出半透明的单色玻璃。之后玻璃制作技术被不断改进，埃及人和地中海东岸的腓（féi）尼基人制造出了彩色玻璃。人们用金属棒挑出半熔化的玻璃放入模具中挤压，或者直接滚压、切割玻璃丝，制作出珠、管之类的小物件。罗马帝国时期，玻璃工匠又发明了吹制技术，这种技术不仅丰富了器皿的样式，而且大大简化了生产工艺，降低了生产成本，让玻璃器从罕见而昂贵的珍宝逐渐变成了人们的日常用品。

第五章
晶莹夺目的石之美者

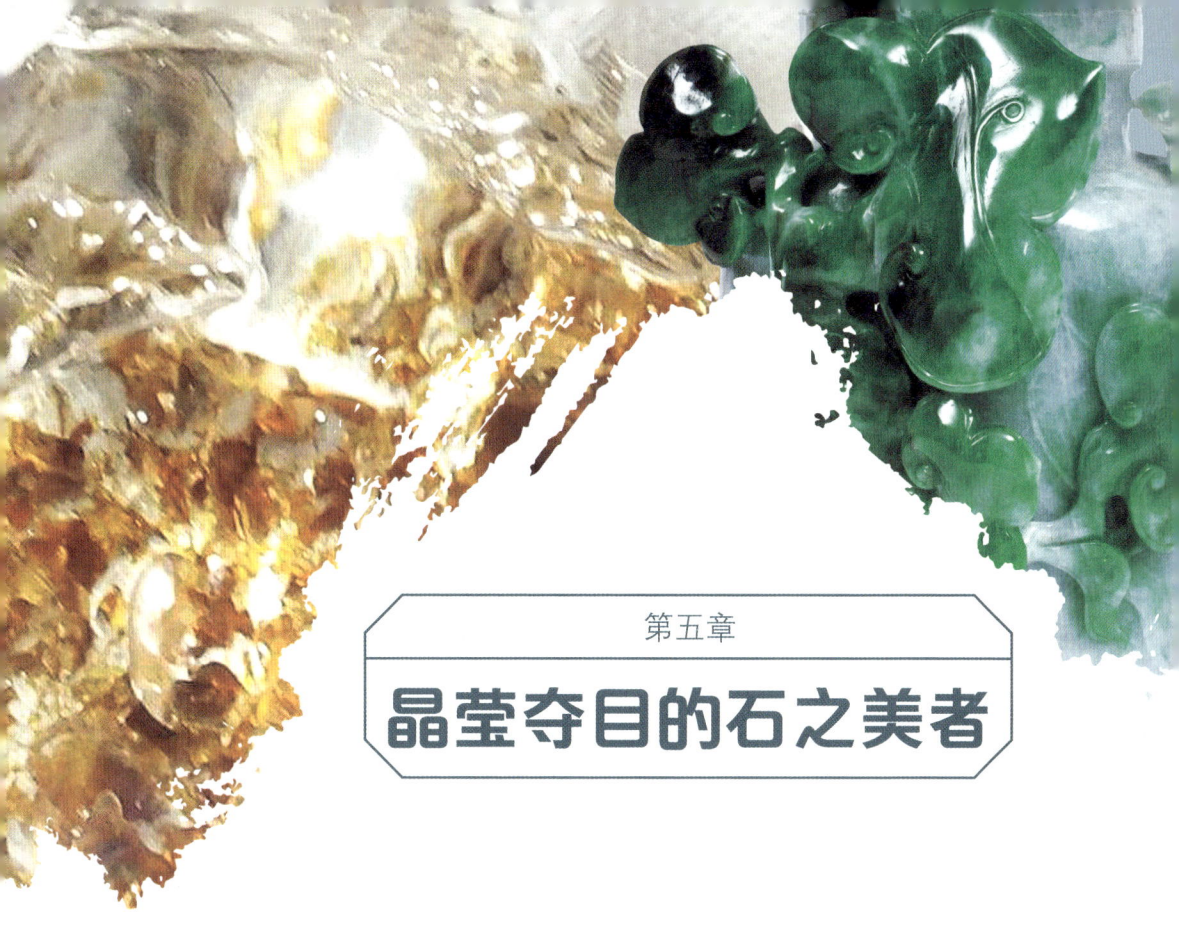

玉，在中国人心中具有崇高的地位。它不仅是"石之美者"，还是美好品质的象征，所以孔子说"君子比德于玉"，认为品德高尚的君子应该有玉一般的品性。玉本身具有温润、通透、清脆、坚硬等特质，而这正与仁、义、智、勇、洁等品质相对应，所以中国人佩玉和爱玉的传统源远流长。

我国最早的玉器发现于黑龙江饶河小南山遗址。在这座位于乌苏里江西岸的马鞍形小山上，考古人员挖出了200多件玉器。经检测，这批玉器制作于9000多年前。新石器时代晚期，不同地区间的文化交流增多，玉石开采和玉器制作技术不断进步，辽河流域、黄河流域、长江中下游地区都形成了各具特色的玉器文化，玉器的功能也从装饰品变成了宗教或者礼仪用品。汉代之后，玉器渐渐成为一种贵重的装饰品。对玉的喜爱深深植根于中国人的情感和文化之中。

新石器时代　玉玦（jué）
黑龙江省博物馆藏

在《首批禁止出国（境）展览文物目录》中，就有不少玉石材质的珍贵文物。下面，让我们来认识一下它们吧！

文化交流的见证者
——镶金兽首玛瑙杯

轰动全国的发现

1970年10月5日,陕西西安南郊何家村的某处施工现场一片忙碌。人们挖到地下80厘米深的地方时,土中突然露出了一个巨大的陶瓮。好奇的工人凑过去一看,发现里面装着许多亮闪闪的金银器。陶瓮旁边还有一个稍小的银罐,里面也装着许多金银器。

西安是我国著名的古城之一,历史上曾先后有13个朝代定都于此,所以当地人早已习惯在工程建设的过程中挖出文物。不过,这次的发现显然不同凡响。现场负责人立刻打电话给西安市文物管理部门报告情况,又与陕西省博物馆(今陕西历史博物馆)取得

了联系,博物馆立即派人赶到现场。

据考古人员检查,体积大的金银器被放在陶罐之中,而体积小的则被存放在小银罐里。在把两个容器运回博物馆后,考虑到可能还会有许多文物埋藏在附近,考古人员决定在四周继续进行勘探。

10月11日下午,考古人员在陶瓮发现地北侧1米多的地方又清理出了另外一个陶瓮。新发现的陶瓮形状、大小与第一个陶瓮基本相同,里面的东西放置得井井有条,瓮口覆盖着一层炼制白银时剩下的炉渣,下面放着成摞的金银器和玉器。经过仔细清点,两个陶瓮和一个银罐中一共有1000多件文物,包含金银器、玉器、钱币等各式各样的珍宝。

这处考古遗址被命名为何家村窖藏。窖藏中的文物因为数量多、种类多、制作精美而轰动全国。第二年,周恩来总理陪同柬埔寨西哈努克亲王来西安访问时,还专门指示把部分精品运到宾馆供外宾参观。现在,这些精美文物被收藏在陕西历史博物馆中,有机会的话你可以去近距离参观一番。

谁的宝藏

说到这儿,你或许会产生疑问,何家村窖藏是什么时候埋下的,又是谁埋下的呢?前一个问题回答起来相对容易,通过分析出土金银器的特征,考古专家判断它们属于唐代。再说得具体一点儿,通过租庸调银饼以及装饰着团花和折枝花卉纹的鎏金银盖碗,考古专家确认窖藏年代不早于唐玄宗时期。

> 租庸调是唐代的一种赋税制度,向享有田地的成年男子征收谷物、布匹或者要求其为政府服役。

那么,这处窖藏的拥有者是谁呢?回答这个问题就要将时间的指针拨回到唐代看一看。当时大唐的首都长安实行的是里坊制,何家村窖藏就在长安城兴化坊中部偏西南的地方。此地距离皇城不远,有不少皇亲国戚和朝廷要员都住在这里。

> 我国古代城市规划的一种基本制度。当时的长安城被一条条纵横的街巷整齐地划分成棋盘格一样的街区,每一个街区就是"里"或者"坊"。

一种说法认为,这些珍宝属于唐玄宗的堂兄——邠(bīn)王李守礼。因为史书上记载,邠王李守礼的王府就在兴化坊西门之北,地点对上了。研究者们认为,这些珍宝可能是邠王后人在安史之乱中逃离长安时掩埋的。

后来,北京大学的齐东方教授经过研究,提出了另一种说法:何家村窖藏是唐德宗时期的租庸调使刘震在建中四年(783)埋下的。因为这一年发生了一件大事——泾(jīng)原兵变。

原来,安史之乱后,藩镇割据,不少节度使掌握了兵权,不甘于受中央的管辖。无奈之下,唐德宗就推行了一些限制和削弱地方将领军权的措施,没想到引发了河北、山东一带藩镇的叛乱。于是，唐德宗匆忙下令让其他的地方军队参与平叛、保卫都城。

建中四年十月，泾原节度使带领的五千士兵来到长安附近。唐德宗派人去犒劳军队，但负责此事的官员很懈怠，只给士兵们提供了粗茶淡饭，这下可好，一下子引起了士兵们的极度不满，当即造反。守卫长安的军队被泾原士兵打得措手不及，唐德宗只得仓皇逃离都城。负责管理政府财税的刘震赶紧派人把国库中的财宝打包，准备用二十匹骆驼运出城，可是城门早已关闭。刘震只好带着家人和财宝返回位于兴化坊的家中。

过了没多久，叛乱被平定，刘震夫妇被朝廷以投靠叛军的罪名处死，宝藏的秘密也随之湮（yān）灭在历史中。何家村窖藏中的珍宝很可能就是刘震当年埋藏的财宝。

远道而来的玛瑙杯

何家村窖藏出土的宝贝可真不少,其中有两件文物——舞马衔杯仿皮囊式银壶和镶金兽首玛瑙杯同时入选了《首批禁止出国(境)展览文物目录》。我们接下来就重点介绍一下这个玛瑙杯。

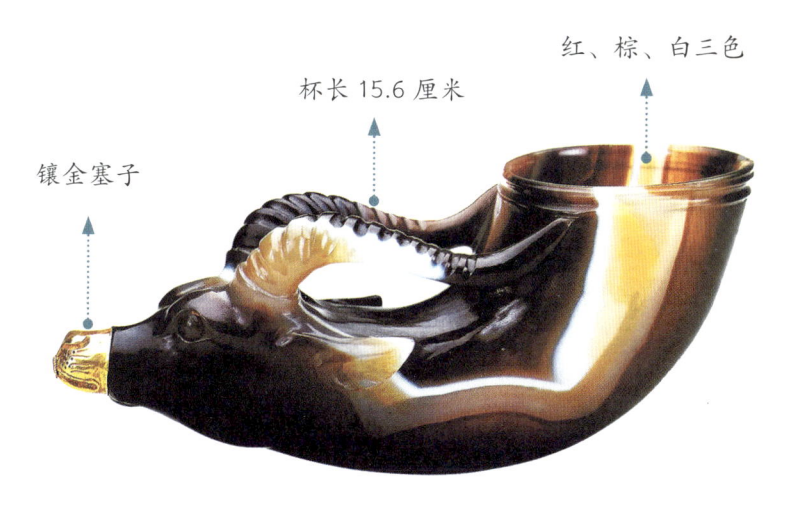

红、棕、白三色

杯长15.6厘米

镶金塞子

唐　镶金兽首玛瑙杯　陕西历史博物馆藏

镶金兽首玛瑙杯长15.6厘米,全身呈现出红、棕、白三种颜色,外形看上去像一个号角。杯子的一端是圆形的杯口,另一端是一个嘴部镶金的兽头,它圆睁的双眼看上去非常机警,微微竖起的耳朵好像在认真捕捉着周围的声音,一对螺旋状的羚羊角十分漂亮。镶金的嘴部其实是一个塞子,打开塞子,杯中的酒就可以从这里流出来啦。

晶莹夺目的石之美者　205

意大利庞贝古城遗址壁画中手持来通的人

这种形状的杯子在我国很少见,但是在西方非常流行,希腊人称它为"来通"。考古学家认为,早在3000多年前希腊人在神庙里进行祭祀活动时就会使用这类器物。后来,来通杯美观的外形也吸引了西亚地区人们的注意,他们先是学着仿制,后来又创造出马头、鹿头、狮头等动物形象的"来通",制作技术也一代代流传下来。公元3~7世纪时,在两河流域和伊朗一带存在着一个叫萨珊的强大王朝,这个国家的工匠就很擅长制作"来通"。在我国,从唐代以前的图像资料来看,这种酒具常出现在胡人的宴饮场面中。隋唐时期,"来通"沿着横跨亚欧大陆的丝绸之路进入了唐代贵族的生活。唐代的贵族以追求新奇为时尚,而这件器物的出土正是唐朝贵族崇尚胡风、模仿新奇的宴饮方式的见证。

深埋数千年的酒杯
——犀角形玉杯

南越王的心爱之物

讲完了唐代贵族的"来通",咱们再来认识一件和它模样相像,但年纪比它大得多的"老前辈"——出土于西汉南越王墓的犀角形玉杯。顾名思义,犀角形玉杯的外形就像一个中空的犀牛角,杯口呈椭圆形,从口部向下杯身逐渐变细,杯底雕刻成向上反卷的鱼尾巴的造型。杯壁上装饰着精美的花纹,一条龙沿着杯身盘旋而上,仿佛在云雾中穿行一般。

这只犀角形玉杯是由一整块半透明的青玉雕琢而成的,因为埋在地下很长时间,

西汉 犀角形玉杯
南越王博物院藏

晶莹夺目的石之美者

周围的物质渗入青玉,在杯子表面形成了一些红褐色的斑块。

这只犀角形玉杯的主人是我们前面提到过的南越王赵眜。赵眜去世后,这只杯子被丝绸仔细包裹,和玉盖杯、承盘高足玉杯、玉盒等精美的玉器一起放进了赵眜的棺中,就挨着他的头部,可见是这位南越王的心爱之物。

是"国产"还是"进口"?

对比一下前面介绍的那件镶金兽首玛瑙杯和这件犀角形玉杯,你发现了什么?对,两件宝贝相似中有不同。一方面,形状相似,都是一端大一端小,看上去像动物的角。另一方面,用法不同。镶金兽首玛瑙杯有两个口,酒从大口注入、小口流出;犀角形玉杯只有一个口,和普通杯子是一样的。

那么,犀角形玉杯和西方的"来通"有没有关系?对于这个问题,学界存在着不同的意见。

有的学者认为,犀角形玉杯的造型借鉴了西方"来通"的形态,同时又带有我国传统艺术的显著特点,比如玉石材质、杯身的装饰纹样等,都能找到东西方融合的痕迹。何况,在南越王墓中发现了多件来自海外的舶来品,比如来自波斯帝国的银盒、来自红海沿岸的乳香、来自非洲的象牙制品等。可见通过远航的海船,南越国与海外地区已经开始进行贸易活动了。物品都能漂洋过海,更何况"来通"的创意呢?

西汉　银盒　南越王博物院藏　　　西汉　乳香　南越王博物院藏

但也有人认为，犀角形玉杯和"来通"的相似只是个巧合，它实际源于在我国流传已久的兕觥（sì gōng）。兕就是犀牛，觥就是酒杯。兕觥是一种用牛角或犀牛角等制作的饮酒器或礼器，在商代演变成了一种专门的礼器。早期的兕觥极有可能是用犀角、牛角、木材等制成的，难以长时间保存，因此相关的文物极少。南越王墓中的犀角形玉杯就是一件难得的玉兕觥，得以流传至今。

南越国在哪里

见识了赵眜墓中那么多的宝贝，我们现在来说说他的南越国在哪里。原来它是秦朝末期到西汉早期存在于岭南的一个地方政权。秦始皇统一六国之后，对五岭以南还有一大块地方没有纳入自己的统治范围很不满意。于是，他派出了一名叫任嚣的将军带领着五十万大军分五路进攻岭南。

在秦始皇的设想中，攻下岭南应该是一件轻而易举的事情。

可令他没想到的是,当地的军队十分骁勇善战,秦军连吃败仗。苦战五年后,任嚣的军队才控制了岭南一带,并在这片土地上设立了南海、桂林和象郡三个行政区。没过多久,农民起义爆发,秦朝灭亡。担任南海郡最高长官的任嚣看到中原局势混乱,就迅速派兵封锁了岭南到中原的通道,拥兵自立。

当时,任嚣的身体状况不佳,他觉得自己活不了多久了。于是,他把自己的部将赵佗(tuó)叫到身边,将南海郡的管理权都托付给了他。赵佗是个很有能力的人,趁北方战乱,兼并了桂林和象郡,将自己的势力范围扩大到今天的广东、广西地区和越南北部一带,建立了南越国,定都番禺(今广东省广州市),自称"南越武王"。他实行"和辑(jí)百越"的政策,也就是尊重地方少数民族风俗,与当地人友好相处,南越国因此得到了良好的发展。而西汉南越王墓的主人赵眜就是赵佗的孙子,史称"南越文王"。

俗话说"民以食为天",南越王室自然也十分重视吃饭这件大事。南越国设置了"食官""厨丞"的官职专门负责饮食,御花园的水池中还饲养了好多可以食用的大龟。南越王墓中出土了大量的炊具,它们造型各异,可以用来蒸煮、油煎、烧烤。储藏室里还堆放着猪、牛、羊、鸡、龟鳖、荷花雀等多种禽畜,贝壳、鱼等十几种海鲜,以及各式各样的水果,这些都是南越王的陪葬品。有了这么多美食,当然不能缺少佐餐的好酒啦,所以犀角形玉杯的出现也就不足为奇了。

你知道吗?

犀角形玉杯怎么用?

犀角形玉杯是尖底的,迄今为止人们还没有发现与它相配套的底座。那也就是说,盛着酒水的犀角形玉杯根本没法像普通的杯子、瓶子、壶一样被平放在桌面上,不然酒水就会洒出来。那么它该怎么用呢?

学者根据史书上的记载分析,觥觚是一种罚酒器——宾客如果喝醉了,就是失礼,要手持觥觚向主人罚酒。既然是罚酒,自然要一饮而尽了。所以犀角形玉杯是用来喝"罚酒"的。

河南洛阳烧沟 61 号西汉墓壁画中手持角杯的人物形象

神秘的礼器——三星堆玉边璋

沉睡千年的三星堆

川西平原北部流淌着一条小河——马牧河,河流南岸有三个连成一线的土台,附近还有一块月牙形的台地,当地人给它们起了一个很有诗意的名字——"三星伴月"。"三星"就是三星堆,"月"就是月亮湾。很多人世世代代在这里辛勤耕作,繁衍生息,却从未想过在这片熟悉的土地之下,一直沉睡着一个震惊世界的文明奇迹。而它的发现,要从90多年前开始说起。

1929年春,当地的一家农户在疏通淤塞的溪流时,挖到了三四百件玉器。他们并不知道这些玉器的价值,便把它们一部分藏在了家里,一部分赠给了亲友,后来引起了考古界的关注。1934年春,华西大学博物馆(今四川大学博物馆)的专家对这些玉石器的发现地进行了考古发掘,又出土了600余件玉器、石器、陶器。中华人民共和国成立后,考古专家们继续对月亮湾进行了多次调查勘探和科学发掘。1986年7月18日,一名在土台上挖土烧砖的工人火急火燎地跑进考古队员的工作棚,兴奋地说:"挖出玉刀来了!"就这样,沉睡了3000年的三星堆终于展露在了世人面前。

  玉刀出土的地方,就是著名的三星堆一号祭祀坑,这一重大发现让考古队员兴奋不已。令人没有想到的是,还有更大的惊喜正等着他们呢。大概一个月后,砖厂的工人又在距离一号祭祀坑30米的地方挖到了另外一个祭祀坑。为了文物的安全,考古队员们在艰苦的条件下日夜奋战,从两个祭祀坑中共清理出1700多件金器、青铜器、玉器,还有大量海贝、象牙、骨雕的残片。这里面就有现在人们耳熟能详的国宝,比如青铜大立人像、青铜神树、青铜大面具等。在许许多多的重量级文物中,有一件特殊的器物引起了人们的极大关注,它就是二号祭祀坑中出土的玉边璋。

商　玉边璋
四川省文物考古研究院藏

古老的礼器

我国古代有一部儒家经典著作《周礼》,这里面记载了很多华夏民族古老的礼法、礼仪。书中提到了六种玉礼器,玉璋就是其中之一。玉璋最早出现在4000多年前的龙山文化时期,在陕西北部和山东地区都有发现。到了稍晚一些的夏商时期,南方也开始出现玉璋,四川盆地、广东、广西,甚至越南等地都有出土,可见这种玉器的影响力之大。

> 玉璧、玉琮(cóng)、玉圭、玉琥、玉璋、玉璜,是古代祭祀天地四方的礼器。

古人把玉璋分成五种:赤璋、大璋、中璋、边璋、牙璋。它们在形状上虽然有一定差别,但总体上都是扁平的长方体,一端有斜斜的刃口,另一端有穿孔。

三星堆出土的这件玉边璋个头很大,有54.5厘米长、8.8厘米宽。仔细观察,我们能看到这件玉边璋的两端都有用细线条雕刻出的图案,上下相反。每组图案都被中间的两个躺倒的S形纹分隔成上、下两个部分。

上半部分,三个小人笔直地站着(由于宽度所限,手柄处是两个小人），头戴平顶冠，双手在胸前抱拳，两脚外撇。他们的脚下是两座山，山顶处有一个可能代表太阳的圆圈，两侧有云气纹，两座山之间有一个盘状物，上面有形状像火焰一般的线条。在大山的底部又有一座小山，小山下有一座方台，山的外侧，似乎有一只大手从天而降，伸出拇指按在山腰上。

下半部分，三个小人双手抱拳跪倒在地，头上的帽子弯弯的像一座拱桥。在他们脚下也有两座高山，山上的花纹与上图相同，但山顶横插着一根弯曲的钩状物，山脚左右两侧分别竖插着玉璋。

每个小人都有大大的眼睛、宽宽的嘴巴，耳朵上戴着耳环一样的饰品，不同的是有的站着有的跪着，有的戴平顶冠有的戴拱形冠。有学者认为，这组图案描绘的是巫师们祭祀神山的场景。但也有学者根据二号祭祀坑中出土的许多头戴平顶冠的青铜头像推测，头戴平顶冠的是三星堆人心目中神的形象，因此图案表现的很有可能是人们想象中的神山上的神仙在接受人间信徒的祭拜。

玉边璋刃部和柄部的图案

源源不断的新发现

2020年，四川考古机构宣布了一个令世界沸腾的好消息：在三星堆一、二号祭祀坑附近又发现了六个新的祭祀坑。这些祭祀坑里同样埋藏着大量的金器、玉器、青铜器和象牙等文物。紧接着，在这片遗址区域内，考古队员们又勘测到了大型城址、宫殿区、墓葬区、手工业作坊等不少重要的功能区。经过碳14测年法勘测，这些祭祀坑均建于商代晚期，距今3200至3000年。

随着三星堆遗址祭祀区发掘工作的结束，新祭祀坑出土文物的室内整理、保护和修复成为现在三星堆遗址研究最重要的工作。2023年6月10日，由国家文物局、四川省人民政府主办的2023年文化和自然遗产日主场城市活动开幕式在四川成都举行。专家们宣布，借助新型科技手段，发掘及文保人员成功跨坑拼成了两件大型青铜器。相信不久的将来，我们就能在博物馆中一睹它们的真容啦！

一直以来，三星堆遗址都蒙着一层神秘的面纱。有人说，它是外星人的杰作；有人说，它是从古埃及或者古印度传播而来的文明。但是事实证明，辉煌灿烂的三星堆文明是由生活在四川盆地一带的先民一手创造的。三星堆遗址是中国考古史上的一颗璀璨明珠，它的发现和挖掘不仅为我们揭示了远古时人们的生活面貌，更为我们展示了中华文明的深厚底蕴和丰富多彩的历史文化。随着考古工作的深入，在未来，我们一定会对它有更多的了解！

铜兽驮跪坐人顶尊铜像

铜罍座倒立鸟足顶尊神像

晶莹夺目的石之美者 217

"穿越时空"的宝物
——水晶杯

不可思议的发现

提到玻璃杯，相信大家都不陌生，我们在日常生活中都会用到它，喝水、喝牛奶、喝果汁……早就对它习以为常了。但是，放在博物馆展柜里的玻璃杯，你见过吗？在杭州博物馆里，就有这样一件文物，造型与我们日常见到的玻璃杯非常相似。你相信吗？其实它是战国时期的文物，到今天已经有2000多岁啦！真令人难以想象，玻璃这样易碎的物品是怎么"穿越时空"来到我们面前的呢？

它的发现还要从1990年说起。当时，浙江杭州石塘村（今属杭州市拱墅区）工农砖瓦厂的工人们正在干活，在取土时挖塌了一个洞口。工人们好奇地往里面看去,发现洞内放着一些陶制编钟,在场的工人认定这些是值钱的古董,于是卖给了城里的古董商。幸好,这件事很快被人举报,当地公安部门迅速出击,追回文物的同时还将这件事及时上报给了当地文物部门。

当年10月,在对发现文物的地点进行勘探后,考古专家们认为在这批陶制编钟周围很可能还存在同时期的古代遗迹。果然,他们很快就找到了一个大型墓葬,沿着墓坑向下挖掘到大约1米深时,一个闪闪发光的物体吸引了专家们的目光。他们小心地扫除了周围的泥土,一个令人不可思议的东西呈现在大家眼前。看到它的第一眼,专家们的感觉不是欣喜、兴奋,而是担心。为什么呢?因为专家害怕这片区域已经被盗墓贼光顾过——眼前这个东西的造型实在是太现代了,会不会是盗墓贼带来的呢?但是,在仔细查看了这件物品周围的土层后,专家并没有发现任何盗洞或者小动物的洞穴,这就说明,它确确实实是一件文物!

战国　水晶杯
杭州博物馆藏

晶莹夺目的石之美者　219

未解的谜团

从外观来看，这个杯子实在太像我们生活中随处可见的玻璃杯了。但仔细观察，人们发现这只杯子并不是无色的，而是呈现出淡淡的琥珀色，杯身和底部没有人造玻璃中常见的气泡，应该是由天然矿物制作而成。谨慎起见，专家们把杯子送到北京进行鉴定，同时还邀请了浙江省的地矿专家对杯子的材质进行分析。最终，两地的鉴定结果指向了同一个事实——这是一只水晶杯。通过检测杯子里的土和墓内的木炭，可以判断其制作年代为战国中晚期。

"水晶"一词最早出现于明代科学家宋应星所写的《天工开物》一书。水晶最早被称为"水玉"，意思是像水一样的玉，突出了它纯净透明的特点。

水晶是一种硬度很高的天然矿物，摩氏硬度为7。它广泛分布于自然界，我国很多地区都有出产，尤其是江苏东海，自古就以水晶开采闻名，那里出产的水晶质地纯净、体积较大。这些矿藏为水晶制品提供了原料。

19世纪初，名叫摩斯的奥地利矿物学家制定了一套鉴别矿物硬度的标准，他将常见的10种矿物按硬度从小到大分为10级。硬度高的矿物可以在硬度低的矿物表面留下划痕。金刚石的硬度是10，它是目前地球上发现的最坚硬的自然物质。

中国东海水晶博物馆中的精美藏品

晶莹夺目的石之美者　221

中国人很早以前就使用水晶制品了,在新石器时代的遗址和墓葬中就有水晶制品。商周以后,水晶制品更加精细、生动,比如春秋时期的墓葬中曾经出土过水晶生肖雕件,由此可以推断,战国时期的工匠就十分擅长玉石加工了。这些都为水晶杯的制作奠定了基础。

西周　水晶玦　广东省文物考古研究院藏

可是,水晶质地很脆,容易碎裂,所以水晶容器的加工难度极大。这件水晶杯是迄今为止我国出土的早期水晶制品中器形最大的一件。要制作这样一个水晶杯,首先需要找到足够大的整块的水晶,然后把水晶大致加工成所需的形状,接着再把杯子中心掏空,最后进行打磨抛光。无论哪一道工序,对两千多年前的古人来说都是无比困难的。古人究竟是怎么加工出这么精美的水晶杯的,至今还是未解之谜,不过相信随着科学的进步,这些谜团都会被一一破解。

陵墓前的"仪仗队"
——茂陵石雕

公认的石雕杰作

石雕,顾名思义,就是用石头制成的雕塑。石雕艺术历史悠久,从史前的远古石器,到古代的石塔、石亭子、石牌坊,到现代的园林景观、花园别墅,再到琳琅满目的玉石工艺品,无不散发着石雕艺术独有的魅力。

在我国历史上,许多朝代都留下了独具特色的石雕作品。其中,汉代石雕以优美、大气著称。在流传至今的众多汉代石雕作品中,位于陕西兴平的西汉茂陵石雕是公认的杰作。

> 大名鼎鼎的汉武帝刘彻的陵墓,周边还有李夫人、卫青、霍去病等后妃功臣的陪葬墓。

晶莹夺目的石之美者　223

茂陵

    茂陵石雕现存16件，由人、虎、熊、马、牛、羊、象等多种形象组成。在过去，它们曾是大将军霍去病墓前的"石像生"。"石像生"是什么意思呢？原来，它指的是在古代皇帝或者王公大臣陵墓前安置的石人、石兽，就像是陵墓前的"仪仗队"。

    石像生还有一个名字叫"翁仲"。传说秦朝时有个叫阮翁仲的大力士，身材魁梧，勇敢威猛，曾率兵把守临洮（今甘肃省定西市临洮县），击退过匈奴。阮翁仲死后，秦始皇为他修筑铜像，安置在咸阳司马门外。匈奴人来到咸阳，远远看见铜像，还以为是真的阮翁仲站在那里，完全不敢靠近。从那以后，宫殿庙堂和墓葬前面的铜人、石像也就被人们称为"翁仲"了。

在这组茂陵石雕中，最出名的是"马踏匈奴"。这是一座长1.9米、高1.68米的大型石雕。一眼看过去，首先能够看到的是一匹昂首屹立的战马，看上去强壮、威风、有力，在马的身下还有一个手持弓箭的匈奴士兵，他仰面朝天、神色慌张，无法从马蹄下脱身。战马的矫健与匈奴士兵的狼狈形成鲜明对比。战马威武的形象，同样也是墓主人霍去病威武风姿的展现。

长 1.9 米

高 1.68 米

西汉　石刻"马踏匈奴"
茂陵博物馆藏

石刻"马踏匈奴"拓片

晶莹夺目的石之美者　225

茂陵石雕的雕刻手法十分简练，造型雄健遒劲（qiú jìng）、古拙粗犷，是我国迄今发现时代最早、保存最完整的大型石雕。

跃马

卧象

卧牛

伏虎

年轻的将军

说起霍去病,那可是一位天才般的少年英雄。

霍去病的舅舅是西汉时期的名将卫青。17岁时,霍去病就跟随着舅舅北上抗击匈奴。在首场战役中,当时还只是一个校尉的霍去病率领八百名骑兵长途奔袭,深入敌军腹地,杀敌两千多人,打了匈奴大军一个措手不及。汉武帝听到霍去病胜利的消息,非常惊喜,封赏霍去病为冠军侯,以表彰他功冠全军。不过,当汉武帝准备把长安城里的一套大宅子奖励给他时,霍去病却婉拒道:"匈奴未灭,无以家为也!"意思是说匈奴还没消灭,不用安家。

公元前121年,已经升任骠(piào)骑将军的霍去病率军转战河西走廊地区,霍去病不负众望,在这场战役中再次重创匈奴军队。损失惨重的匈奴部族爆发了内乱,匈奴浑邪(yé)王率领四万部众归顺了汉朝。

为了彻底消灭匈奴主力,汉武帝在元狩四年(公元前119)命令卫青、霍去病各率五万骑兵突袭大漠,寻找机会与匈奴主力决战。机智且勇猛的霍去病果然不负众望,带领军队奔袭千里,歼灭了七万多名敌人,大获全胜。据《史记》记载,霍去病在这次战役中"封狼居胥(xū),禅于姑衍,登临瀚海",意思是说他在今天蒙古国境内的狼居胥山、姑衍山进行了祭天和祭地活动,兵锋直抵瀚海,也就是今天俄罗斯境内的贝加尔湖。这次战役最终让匈奴单于远逃漠北,维护了汉朝边疆地区的稳定,换来了多年的和平。

可惜,这样一位名将却英年早逝,去世时年仅24岁。痛失爱将,汉武帝非常伤心,他下令将霍去病安葬在茂陵之中,享受死后陪葬王陵的殊荣。同时,为了表彰霍去病的战功,汉武帝还下令模仿祁连山为霍去病建起巨大的坟冢,并安排掌管国家砖瓦生产的"左司空"专门监造墓前的石像生,为后世留下了浑然天成的石雕艺术瑰宝。

霍去病墓

了不起的工艺

绳子能切开玉石吗？

东汉许慎所著的《说文解字》中说："玉，石之美者。"从矿物学角度讲，玉可以分成硬玉和软玉两种，硬玉专指翡翠，软玉则包含了很多品种，例如知名的和田玉、岫(xiù)岩玉、独山玉等。

你可别误会，软玉虽然有个"软"字，这只是相对硬玉来说的，软玉其实也很硬。软玉的摩氏硬度是6~6.5，比我们熟悉的不锈钢（摩氏硬度5.5）、铜（摩氏硬度3）等金属的硬度还要高呢。

4000多年前的新石器时代，我们的祖先还没有掌握金属冶炼技术，不会制造坚硬的金属工具。但是，从内蒙古、辽宁到山东、河南，从江苏、浙江到甘肃、青海，我国发现的新石器时代的玉器比比皆是，而且很多制作得极

新石器时代　玉料
浙江省文物考古研究所藏

新石器时代　雕刻用石
良渚博物院藏

其精美。那么,这些漂亮的玉器是怎么做出来的呢?

其实,玉器加工技术是从石器制作方法中逐渐积累起来的,切、磋(cuō)、琢、磨是基本的工序。你可能想不到,新石器时代用来加工玉器的主要工具居然是绳子、圆木棍和竹管。单靠它们就能制作玉器了吗?不,还缺少最关键的部分,那是一种非常特殊的石料——解玉砂。

《诗经·小雅·鹤鸣》中有"他山之石,可以攻玉"的诗句,本义是别的山上的石头坚硬,可以琢磨玉石,引申的意思是别国的贤才可以为本国所用,也比喻能帮自己改正缺点的人或意见。这里的"他山之石"指的就是解玉砂。它的成分主要是石英,或者是金刚砂、石榴石等,这些矿石的共同点是比软玉硬度高。古代工匠从矿物或者河流中得到解玉砂的原料后,先要把它们捣碎、研磨,漂洗掉杂质,然后放入水中沉淀,根据砂粒大小进行筛选,最后得到颗粒均匀的解玉砂。

用线绳、竹管、石钻头等工具带动解玉砂研磨玉石,这样就能在玉石上进行钻孔、切割了。9000多年前的小南山遗址出土的玉器表面就有线绳切割留下的加工痕迹。考古学家还在浙江杭州塘山古墓遗址发现过新石器时代的良渚文化制玉作坊,除了原始的玉料和半成品的玉器外,还找到了一些制玉的工具,包括磨石、雕刻用石。

磨石是砂岩制成的,有棍棒形、条形和球形等各种形状,都是用来打磨玉料的。雕刻用石是坚硬的黑石英,个头很小但棱角分明,良渚玉器上的细小线条就是用它们雕刻出来的。

后来,或许是受到了快轮制陶技术的启发,人们发现了能更高效切割处理玉石的方法,那就是使用砣(tuó)具。新石器时代晚期,已经有一些地方开始使用圆盘形的原始砣具加工玉器了,金属冶炼技术发展成熟后,金属砣具就成为工匠们加工玉器时的首选。

新石器时代　磨石
良渚博物院藏

我国古代著名的科学技术著作《天工开物》中就有专门关于用砣琢玉的介绍。从功能上看，我国古代用于玉器加工的砣具可以分为很多种，它们大小不同、形状各异，有的用于切割，有的用于雕刻，有的用于打磨。就这样，经过切割、雕刻、打磨之后的玉器终于成型，最后，工匠们还会用动物皮毛等软性材料对玉器进行抛光。完成以上所有工序后，一件精美的玉器才算制作完成。

后记

到这里,本书有关首批禁止出国(境)展览文物的故事,就全部结束了。虽然由于篇幅所限,还有很多国宝的精彩故事没有被写进这部书里,但我们仍然希望这本小书能够成为帮助同学们认识优秀传统文化、认识博物馆和认识精美文物的一扇窗。

禁止出国(境)的文物那么多,要决定谁能出镜、谁来当主角,可不是一件容易的事。为了让同学们认识更多的国宝,我们把以前在"博物馆里的中国"丛书中重点介绍过的"大"宝贝们都先请下了台。然后,我们又认真查阅了其他候选国宝的身世、工艺、特色以及保护等方面的资料,再结合同学们现阶段已经掌握的一些历史知识,从不同材质的国宝中各挑选出几位代表,将它们的故事呈现在大家眼前。

那些没被选上的国宝并不是不如选上的那些好,而是同学们需要掌握更多的知识后,才能理解它们的厉害之处,等以后有机会了,再给大家讲吧。当然,同学们也可以尝试自己去发现国宝们的秘密。

在写这本书的时候,我们觉得,最大的挑战就是怎么才能用简单、直白而又不枯燥的方式,来讲清楚一个个复杂的问题。

每一件国宝所展示的历史信息、流传至今的过程、考古发现的情况、制作工艺、用途和使用方法等,都离不开严肃、科学的研究。像"虢季子白"青铜盘这样需要很多学者花费几十年时间才能研究清楚的国宝并不少。学者们的研究论文和报告,都有很强的专业性,不仅同学们很难理解,没有专门学习过相关知识的大人们也不一定看得懂。所以,在讲述这些国宝的故事时,我们会尽量使用同学们能看懂的表达方式。但是,也有一些含义特殊、用法特殊的专业词语,是不能随便改动的。大家如果看到一些词句,不知道是什么意思,可以请长辈或是老师一起来看看,或者动手查查字典,尝试自己去解决疑惑。

　　如果你觉得，自己可以写得更好，那么你也可以试试挑一件文物出来，查阅资料并把信息汇总起来，在老师或者家长的指导下，用自己的方式把它的故事写出来。

　　如果你觉得这本书内容很简单，那么你也可以尝试去读更难一些的文物和博物馆的相关书籍，或者看一看纪录片，学习更多知识，提出更多问题，并尝试去找到答案。

　　说不定，下一位考古文博专业的大咖，就是你呢！